JN084545

日本語教師
教育学

著・横溝紳一郎

Kurosio

くろしお出版

はじめに

　2019（令和元）年6月28日、通称「日本語教育推進法」が施行されました。それに伴い、「公認日本語教師」という新たな資格の設置についての議論が始まり、質の高い日本語教師の育成が急務となりました。しかしながら、日本語教師の育成に関して、養成課程から現職教師の研修までを体系的にまとめた書籍は、令和の時代になっても、私の知る限り見当たりません。そこで、長年日本語教師の育成について研究と実践を積み重ねてきた者として、これまでの知見をまとめて書籍化したいと考えたことが、本書が生まれた背景です。そういった意味で本書は、日本語教師教育についての私自身の「学びの集大成」のようなものだと考えています。

　本書の構成ですが、第1章では、「日本語教師の養成・研修の最近の動向」を紹介します。第2章は、その動向の中で「大学や民間の日本語教師養成課程に何が求められているのか」を明らかにします。続く第3章は、日本語教師養成課程の最終段階に位置づけられる「教育実習」をどのようにデザイン・運営すればよいのかについての提言を行います。第4章は、その教育実習が日本語教師の成長過程のどこに位置づけられるかについて述べ、教育実習を指導する教師教育者に必要不可欠な「指導のことば」について探究します。第5章は、［初任］日本語教師に求められる資質・能力を明らかにし、その研修方法を具体的に紹介します。第6章は、その［中堅］教師版です。第7章で、日本語教師教育の今後の展望について述べ、終章は教師教育者としての私のライフヒストリーです。

　本書の執筆にあたり、日本語教師教育について数多くの学びの機会を与えてくださった研究者・実践者・教育実習生・日本語教師養成課程の履修者等の方々がいらっしゃらなければ、本書の刊行は実現できませんでした。この場を借りて厚く御礼申し上げます。

　最後になりましたが、本書の内容や構成に関するアイデアの提供や編集作業などで、私に惜しみなくご尽力くださったくろしお出版の坂本麻美氏に心から感謝いたします。

2021年4月　横溝紳一郎

目　次

序　章

　私の専門は、「教師教育（Teacher Education）」です。主に、日本語教師をめざす学生や、新米・中堅日本語教師の方と一緒に、より良い授業を行うにはどうすればよいかを日々考えています。この分野は、どのような形で教師を育成していくかについて、理論・実践の両面からアプローチしていきます。現在は特に「教師の成長」という考え方が重視されています。このことについて、當作・横溝（2005a: 52）は、以下のように述べています。

　　よりよい日本語教師を育成していく方法としてつい最近までは、教師として必要だと思われる技術を指導者が訓練によって教え込み、マスターさせることで教える能力を伸ばしていこうとする「教師トレーニング（Teacher Training）」という考え方が主流を占めていた（岡崎・岡崎 1997: 8）。しかしながら、教師が教室の中で実際に直面する問題は多種多様であり、トレーニングによって叩き込まれた一つの教え方を忠実に実行するだけでは対応出来ない場合も少なくない。そこで「教師トレーニング」に代わって登場してきたのが、「教師の成長（Teacher Development）」という考えによって教師の育成を図ろうとする方向性である。この方向性は、「教師養成や研修にあたって、これまで良いとされてきた教え方のモデルを出発点としながらも、それを素材に〈いつ、つまりどのような学習者のタイプやレベル、ニーズに対して、またどんな問題がある場合に〉、〈なぜ、つまりどのような原則や理念に基づいて〉教えるかということを、自分なりに考えていく姿勢を養い、それらを実践し、その結果を観察し改善していくような成長を作りだしていく」（岡崎・岡崎 1997: 9-10）ことを重要視する。換言すれば、教師を育成していく段階で、「自己教育力」を身に付けさせようとする方向性が、現在の教師育成の主流なのである。

つまり、「教師の成長」とは、平たく言うと「毎日の実践の中で、学習者と共に成長し続けられる教師の育成をめざそう」という考えなのです。私自身は、この考えに深く共感していて、「教師が成長し続ける意志を持つこと」がとても大切だと思っています。こんな私ですが、ずいぶん前にある方から「横溝さんって、『成長神話』の信者みたい」と言われたことがあります。その時に、「なぜ私は『教師が成長し続けることが大事』と思っているのだろうか」と考え込んでしまいました。そして、「教師たるもの、成長し続けなければならない！そんなことは当たり前だ！」と大きな声で断言された時に、「えっ、終わりはないの？」と身構えたくなる先生方の気持ちも分かる気がしました。物事の終わりがはっきり見えないという状態は、人間にとってなかなか辛いからです。しかしながら、私は「教育には、これで終わりだというゴールは、あるようで、実はないのではないか」と考えています。

　　なぜなら、ある特定の教師と学習者で構成される教室内で生じる出来事は、その教室内だからこそ成立していることであって、全く同じことが隣の教室で生じるとは考えられないからです。であるとすれば、「こうしておけば、いつも大丈夫」というようなマニュアル的模範解答は、教師が求めても手に入らない、あるいは求めようとしてはいけないものなのかもしれません。マニュアル的模範解答を求める代わりに、「どのような条件の場合にどのような原則や認識に基づいて、学んだ知識を活用していくのか」を体得していくことが必要不可欠なのです。そのためには、自分の教室の現状を的確に把握し、それに基づいてより良い授業を創造していく能力が要求されます。

（横溝 2002a: 17）

　教師が成長しなければならない理由として、以下のような理由も挙げられています。

　　指導者というのは、一度指導に成功すると、その後もずっと同じ指

　　　　　　　　　　　　　　　序　章

導を行う傾向にあります。相手の成長を望んでいる一方で、自分の成長にはなかなか目が届かないわけです。しかし、本当に「いい指導」を続けていくためには、自身の成功は欠かせません。今の指導を「よい」と思っていても、「本当にこのままでよいか」と自問自答していかなくてはいけません。 　　　　　　　　　　　　　（中竹 2013: 4）

　　人を育てるために必要なのは、やはり自分が高まり続けることだと思います。高まったからこそ見えることもたくさんありますし、そもそも人に努力を促しておきながら自分が努力を怠っていては、言葉に重みも出てきません。だから、自分が努力しつづけ、工夫しつづけ、チャレンジしつづけることは絶対に必要だと思います。

　　　　　　　　　　（横溝・大津・柳瀬・田尻 2010: 264）

　また、金田（2006: 26-27）は、社会・学習環境・職務等の変容に応じた、日本語教師の成長の必要性を述べています。

　　教育の現場では、社会の変化に伴い、教える内容や方法も変わり、学習者というものも変容していきます。特に、日本語教育の世界の場合、社会情勢に応じて、対象となる日本語学習者の背景や状況は、大きく変化します。また、近年のインターネットを始めとする通信技術やコンピュータの進化・普及はめざましく、教育や学習が行われる枠組みや方法は大きく変わりつつあり、それらの変化に対応するための新たな能力も、教師には求められます。同時に、組織内で期待される役割も新たに加わります。そして、経験を積みながら、様々な知識や能力を獲得していく一方で、学習者を固定的に見てしまったり、新たな方法に取り組む意欲を保てなくなったりというように、何かを失ってしまう場合もあるのです。教師としての経験が長くなり、様々な実践的知識や能力を身に付けると同時に、解決すべき課題はより複雑になっていくと考えられます。

　　「教師」の成長・発達（teacher development）において、固定的

な目標や必要十分な課題、というものはありません。教師が教師であり続けるためには、それぞれの成長段階を意識した上で、次なる課題を認識し、それを解決していくことが必要不可欠なのです。

　日本語教師にとって「成長し続けることが必要不可欠」であるのなら、ある意味腹をくくって、「どのように成長し続けられるのか」を模索するのが得策かもしれません。本書の内容は、そのサポートをめざすものだとご理解ください。
　では、日本語教師が成長することのメリットは何でしょうか。教師の幅を少し広げて、「教師が変われば」で Google 検索してみると、以下のようなフレーズにヒットします。

　　・教師が変われば、子どもが変わる。
　　・教師が変われば、生徒も変わる。
　　・先生の意識が変われば、学級も変わる。
　　・教師が変われば、生徒が変わる。生徒が変われば、学校が変わる。
　　・教師が変われば、授業が変わる。授業が変われば、生徒が変わる。

　いずれにも共通しているのは、「教師の成長が、他の人に良い影響を与える」という点でしょう。このことは、教えた経験のある／なしに関わらず、皆さん納得のできる因果関係ではないかと思います。では、「教師が変わらなければ」、一体どのようなデメリットがあるのでしょうか。金田（2006: 32）は、その例として、中堅教師の化石化（教師の行動や思考がパターン化してしまい、成長が滞ってしまう状態）を挙げています。
　「授業の化石化」を例として考えてみます。日本語の教科書によって違いはありますが、各レッスンの最初に「基本対話」のようなものがあります。この基本対話が出てきた時に、教師が読み上げたり CD を聞かせたりする活動が行われることが多いのですが、なぜそうするのでしょうか。「なんとなく」という回答が多いように思えます。この危うさを、金田（2006: 33）は、以下のように指摘しています。

ここで話題にしたいのは、教師が授業で行っていることが授業活動としていいとか悪いとか、効果があるとかないとか授業の評価に関わることではありません。むしろ、習慣的に何かを行っている、あるいは、全く行ったことがないとしたら、その理由は何なのか、その理由を自覚しているかということです。そして、その理由は何を根拠にしたものでしょうか。単なる思い込みによって、なかば儀式のようにして行っているということはないでしょうか。

　中堅教師になると、慣れ親しんできた方法が「当たり前」になってしまいがちです。このような状態になると、問題が発生した場合に、自分の授業の進め方以外のところに原因を求めようとします。例えば、基本対話の音読を行う際に、学習者の声が思いのほか小さいという事態に直面すると、「やる気がない」「元気がない」「教科書の内容がつまらない」などの原因に直結しがちです。しかし、学習者の声が小さいのは、「内容がよく分かっていない」「大きな声を出すことに抵抗を感じている」「『大きな声で音読することで、何が上手になるのか』を学習者が理解・納得していない」等の原因も考えられます。授業の化石化は、教師の探究心の停滞とも考えられるのです。

　私自身、教師としての成長は「自分の未熟さを認めること」から始まると考えています。未熟さを認めることができれば、その状態から脱却し、向上をめざそうという気持ちが生まれます。その状態が続けば、「教師としてまだまだ発展途上である自分の現状を認めるものの、成長を続ける自分自身を誇りに思う気持ち」に変わっていきます。私が敬愛する英語教師の田尻悟郎氏は、以下のエールを日本語教師に送っています。

　授業がうまくなりたい、どうすればもっとよくなるだろうと悩んでいる先生たちに、万能の特効薬はありません。一人ひとり年齢も性格も環境も、学習者の状況も違いますから。でも、上手になりたい！工夫したい！と365日24時間ずっと思っていれば、目にする光景は脳にまで届き、重大なヒントを与えてくれます。それをしっかりつかま

えて、改善策を練りましょう。常に向上したいと願い続けること。その先生ならではの知的興奮に満ちた授業は、ここから始まるのです。

（田尻 2012: 26）

　「教師の成長が、他の人に良い影響を与える」を教師教育に当てはめると、「教師教育者の成長が教師に良い影響を与え、その良い影響を受けた教師の成長が、学習者に良い影響を与える」となるでしょう。これは「教師教育者の成長が、教師、そして学習者に良い影響を与える」と換言できると思います。

　本書がめざすのは、日本語教師教育についての理論的枠組みと具体的実践方法を紹介し、「成長し続ける日本語教師」の実現をサポートすることです。成長し続ける日本語教師をサポートし、適切な指導・助言を与えるためには、日本語教師教育者自身が（負けないくらいに）成長し続けなければならないと私は考えています。本書の内容が、その成長のきっかけになればと願っています。読者の皆さんも、次のエピソードの女性のように、まずは「はじめの一歩」を踏み出すことから始めてみませんか。

　　アメリカでニューヨークからマイアミまで歩いたお婆さんがいた。気の遠くなるような長い徒歩旅行である。そのお婆さんは、新聞記者のインタビューに「はじめの一歩を踏み出すのには勇気はいらない」と答えたという。二歩目は、第一歩を踏み出してから考えればよい。

（加藤 1999: 27-28）

第1章

日本語教師の養成・研修について

現在私たちは、日本語教師の養成・研修について真剣に考えなければならない時期に来ています。その背景には、「日本語教育推進法」の施行があります。以下、詳しく見ていきましょう。

「日本語教育推進法」の施行の背景と基本理念

　2019（令和元）年 6 月 28 日に、「日本語教育の推進に関する法律（令和元年法律第 48 号）」、通称「日本語教育推進法」が施行されました。同法律は、多様な文化を尊重した活力のある共生社会の実現をめざすために、外国人や日本語を母語としない方々に対する日本語教育が日本での生活を営む上で重要であるという認識の下、その推進について基本理念や国、自治体、事業主の責務等を定めたものです。具体的には、日本で暮らす外国人への日本語教育を、国や地方自治体・企業の責務と明記するほか、政府が日本語教育に取り組む自治体や企業に財政支援をすること、外国人労働者や家族が日本社会で円滑に暮らせるようにすることが含まれています。

　日本語教育推進法は、日本語教育を「外国人等に対して行われる日本語を習得させるための教育その他の活動である」と定義づけ、基本理念として、以下の 7 項目が盛り込まれています（田中 2019: 56）。

① 希望、置かれている状況、能力に応じて外国人が日本語教育を受ける機会を、最大限に確保する
② 日本語教育の水準の維持向上を目指す
③ 外国人等の教育、労働、出入国管理など、関連施策等と有機的に連携する
④ 国内での日本語教育は、地域の活性化に寄与するという認識の下で行う
⑤ 海外での日本語教育を通じて日本への理解関心を深め、諸外国との交流等を促進する
⑥ 日本語を学習する意義について、外国人等の理解と関心が深まるよう配慮する
⑦ 幼児期・学齢期にある外国人等の、家庭教育などで使用される言

語の重要性に配慮する

　これらの基本理念に加えて、基本的施策として、国内では「外国人等である児童生徒」「外国人留学生」「働く外国人（外国人等の被用者等）」「難民」それぞれに対する日本語教育および「地域における日本語教育」の機会拡充が記載されただけでなく、日本語教育に対する国民の理解と関心を高めていくことも盛り込まれています。また、海外での日本語教育機会拡充については、外国人だけでなく海外に暮らす「日本にルーツを持つ子どもたち（在留邦人の子等）」もその対象となっていることが特徴的です。このように、日本語教育推進法は、国内外の日本語教育を包括的に推進すべく施行された法律です。

B

「公認日本語教師」という資格

　日本語教育推進法の第 21 条では、日本語教師について「日本語教育に関する専門的な知識および技能を必要とする業務に従事する者」と定義されており、日本語教師の専門性が初めて法律によって認められました。

　この影響を受けて、日本語教師の数の増加と質の担保の必要性が強調されるようになり、「日本語教育に携わる人材をどのように育成していくべきか」についての議論が、文化庁、そして文化庁の嘱託を受けた日本語教育学会等で盛んになされるようになりました。一方、海外では、2017 年 6 月 15 日に「海外日本語教師人材の不足」が指摘されています（国際交流基金 2017）。このような状況から考えて、今後、国内外ともに、日本語教師の需要はますます高まっていくことは確実だと思われます。

　2019 年 11 月 8 日の第 72 回文化審議会国語分科会では「日本語教育能力の判定に関する報告（案）」について議論されました。同報告（案）の中では、「公認日本語教師」を国家資格として制度設計することが提案されています。この資格の設置により、今後、有資格者は「日本語教育に必要な知識と実践力を身につけている」と、国から認定されることになります。田尻（2020）は、公認日本語教師という資格が議論されている背景について、以下のように述べています。

- ・大学の日本語教師養成課程や民間の日本語教師養成研修の教育内容及び質が均等でなく、養成された日本語教師の資質・能力にばらつきが生じている。
- ・職業として日本語教師をしている者の資質・能力の向上のためには、公的な資格制度を設けることが効果的である。
- ・就労者及び就労希望者、「生活者としての外国人」、留学生、日本語指導が必要な児童・生徒、難民などに対する日本語教師の多様性の確保が必要である。

・そこで、日本語教師の資質・能力を確認し証明するための資格を定めて、「公認日本語教師」という名称を用いる。

・日本語教師としての専門性を判定するために、2019 年 3 月の「日本語教育人材の養成・研修の在り方について（報告）」に基づいた知識の有無を測定する試験の合格を要件とする。

・日本語教師に必要な実践力を身に付けるため、教育実習の履修を必須要件とする。

・年齢・国籍・母語を資格の要件としない。

・公認日本語教師の試験の実施にあたっては、専門的な知見を有する機関を指定することが適当である。

・この資格の有効期限は、10 年程度が適当である。

・資格取得要件として、(1) 日本語教育実習は、オリエンテーション・授業見学・授業準備・模擬授業・教壇実習・教育実習全体の振り返りの内容の全てを含むべきである、(2) 学士以上の学位を必要とする。

　現行の日本語教育機関（法務省告示校）における教員要件は、図 1 の通りです。

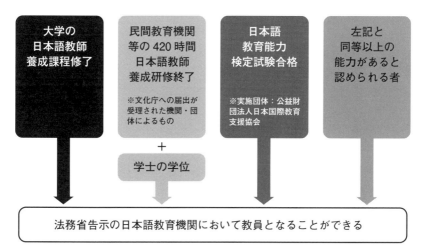

図1　現行の日本語教育機関（法務省告示校）における教員要件（田中 2019: 57）

それが、公認日本語教師という資格の創設により、図2のように変わることが予想されます。

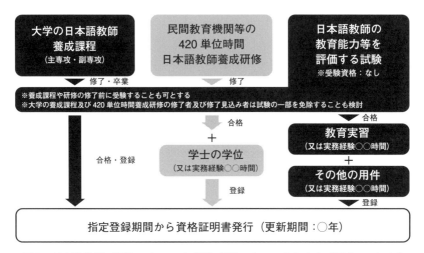

図2　日本語教師の資格のイメージ（案）議論のためのたたき台（田中 2019: 57）

この原案に基づいて、日本語教育推進議連の国会議員、文化庁などの関係省庁、そして日本語教育団体の間で、日本語教師の国家資格についての議論が進められてきました（文化庁 2020）。本書執筆の最終段階の2021（令和3）年3月には、「日本語教師の資格に関する調査研究協力者会議（第4回）」が開催され、次ページのような「公認日本語教師の資格のイメージ（案)」が配布資料として示されました（文化庁 2021）。

アルク（2021）やジェグス・インターナショナル（2021）は、2019年の原案（図2）から、以下の変更点があったことを指摘しています。

・資格要件から「学士（四大卒）以上」が撤廃された。
・文部科学大臣が指定する日本語教師養成機関を修了した者については一部の試験を免除する。
・一律かつ一定期間毎の更新講習の義務付けを止め、文化庁の委託を受け大学等が全国的に提供する研修の普及を図る。このことによ

り、各日本語教師に必要な資質・能力の伸長を図ることを可能とする。

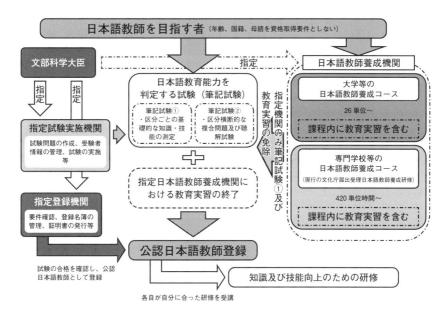

図3　公認日本語教師の資格のイメージ（案）（文化庁 2021）

　このような形で議論が進行しているのが現状です。日本語教師の国家資格化が一日も早く実現するよう、私は強く願っています。

C

「新たな日本語教育能力検定試験」の開発

　公認日本語教師の試験はこれから開発される予定ですが、試験範囲に関しては、現行の「日本語教育能力検定試験」をかなりの程度踏襲することが予想されます。なぜなら、新たな試験は、『日本語教育人材の養成・研修の在り方について（報告）改訂版』（平成31年3月4日　文化審議会国語分科会）（以下、『養成・研修の在り方について』と略す）に記載されている「日本語教師［養成］における教育内容」の3領域5区分16下位区分についての知識の有無を測定する試験であり、その教育内容が現行の「日本語教育能力検定試験」の試験範囲の内容に基づいているからです。

　新たな試験がどの程度難しいものになるかは、今後の慎重な議論を踏まえて決定されていくでしょう。

D

教師養成・研修の充実の必要性

　上掲の『養成・研修の在り方について』作成にあたっては、それまでの日本語教師教育の「課題」が明記されました。まず、［養成］課程全般についての課題として、以下の点が挙げられています（文化審議会国語分科会 2019: 9）。

・大学等の日本語教師養成機関において、日本語教師は、平成 12 年教育内容に基づいて養成がなされているが、具体的な教育内容は大学等の自主性に任されている。そのため、養成した人材のスキルは機関・団体により異なる。
・大学等の日本語教師養成機関以外では、「平成 12 年教育内容」の対象となっていないことから、各機関・団体において独自の内容で養成・研修が行われている。

　つまり、各教育機関が、それぞれの思いで独自に教員養成を行っているため、どのような人材が養成されているのかがバラバラであり、それが解決すべき課題だというわけです。同報告書はさらに、

・実践力を身に付けた日本語教育人材が求められているが、教育実習における具体的な教育内容は示されていないため、教育実習の内容は機関・団体により異なる。
・「平成 12 年教育内容」は、知識偏重の傾向が見られた。知識と実践力のバランスの取れた教育内容にしていく必要があるのではないか。

とも述べています（文化審議会国語分科会 2019: 10）。これは、「実践力を養うためには充実した教育実習が必要不可欠なのだが、そういった教育

実習が行われていないことがあり、それが解決すべき課題だ」との主張だと解釈できるでしょう。これらの文言は、

　　　日本語教師養成課程では、養成した人材の知識・実践力を担保するために（1）必要不可欠な教育内容をきちんとカバーすること、（2）充実した教育実習を提供することが求められている。

とまとめられると思います。

　では、次に［研修］の方はどうでしょうか。そもそも「研修とは何か？」について考えてみます。2006（平成18）年12月22日に公布・施行された「新しい教育基本法」の第9条は、以下の通りです。

　　　法律に定める学校の教員は、自己の崇高な使命を深く自覚し、絶えず研究と修養に励み、その職責の遂行に努めなければならない。

　これを読むと、「研修」が「研究と修養」が合体してできたことばだと理解できます。すでに教育職にある者、すなわち現職教師（In-service Teachers）が、その対象です。現職日本語教師に対する研修について、上掲の『養成・研修の在り方について』では、以下の記述がなされています（文化審議会国語分科会 2019: 10）。

　　　日本語教師に求められる資質・能力については、養成段階において全てを身に付けることは困難である。そのため、日本語教師として従事してからも自己研鑽を積み、教育能力の向上に努める必要があるが、現職の日本語教師に対する研修は、一部の教育機関が自主的に行う内部研修にとどまっており、恒常的に研修が実施されているとは言い難い現状がある。

　現職日本語教師に対する研修をさらに充実させることが、強く求められています。

E

日本語教育人材の活動分野・役割・段階による区分

『養成・研修の在り方について』の中で「多様な教育目的や学習者のニーズ等に対応する幅広い教育内容」が示された一方、「様々な活動分野や役割に応じた資質・能力や教育内容は示されていない」という課題を克服するために、日本語教育人材が、その活動分野、役割、段階別に整理されました（pp.19-20）。

（1）活動分野

① 国内

「生活者としての外国人」をはじめ、大学や日本語教育機関において日本語を学ぶ留学生、日本語指導が必要な児童生徒等、就労を希望する在留外国人や研修生、技能実習生、難民や高度人材などに対する日本語教育

② 海外

海外の初等・中等・高等教育機関において外国語の教科として日本語を学ぶ学生、民間の教育機関やコミュニティースクールなどで日本語・日本文化を趣味・教養として学ぶ者、日系人及びその家族に対する継承語としての日本語教育や、現地日系企業や日本と関わりのある企業で働いている、あるいは働くことを希望する者、日本への留学を目指す者などに対する日本語教育

（2）役割

① 日本語教師

日本語学習者に直接日本語を指導する者

② 日本語教育コーディネーター

日本語教育の現場で日本語教育プログラムの策定・教室運営・改善を行ったり、日本語教師や日本語学習支援者に対する指導・助言を行うほか、多様な機関との連携・協力を担う者

③　日本語学習支援者

　日本語教師や日本語教育コーディネーターと共に学習者の日本語学習を支援し、促進する者

（3）段階

①　日本語教師の段階

a）養成

　日本語教師を目指して、日本語教師養成課程等で学ぶ者。

b）初任

　日本語教師養成段階を修了した者で、それぞれの活動分野に新たに携わる者。※当該活動分野において0~3年程度の日本語教育歴にある者。

c）中堅

　日本語教師として初級から上級までの技能別指導を含む十分な経験（2,400単位時間以上の指導経験）を有する者。※当該活動分野において3~5年程度の日本語教育歴にある者。

（4）日本語教育コーディネーターの区分

①　地域日本語教育コーディネーター

　行政や地域の関係機関等との連携の下、日本語教育プログラムの編成及び実践に携わる者。

②　主任教員

　法務省告示日本語教育機関で教育課程の編成及び他の日本語教師の指導を担う教員。

これらを統合してできあがった、日本語教育人材の役割・段階・活動分野に応じた養成・研修のイメージは以下の通りです（文化審議会国語分科会 2019: 35）。

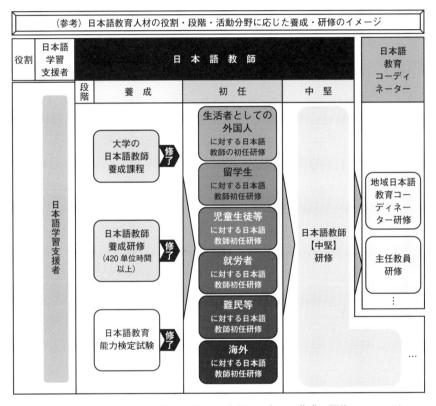

図4　日本語教育人材の役割・段階・活動分野に応じた養成・研修のイメージ

　本書は「日本語教育コーディネーター」や「日本語学習支援者」ではなく、「日本語教師」に焦点を当て、第2章より、それぞれの段階別に考えていきます。

日本語教師
［養成］課程に
求められるもの

日本語教師になるためには、どのような資質・能力が求められるのでしょうか。その資質・能力を身につけるために、何をどんな方法で学ばなければならないのでしょうか。日本語教師［養成］課程について見ていきます。

A

日本語教師［養成］に求められる資質・能力

『養成・研修の在り方について』（p.21）は、日本語教師養成の修了段階で求められる専門性について、以下のように述べています。

- ・日本語教育に関する専門的な教育を受け、第二言語として日本語を教える体系的な知識・技能を有し、日本語教師としての専門性を持っている。
- ・国内外の日本語教育現場で定められた日本語教育プログラムに基づき、日本語指導を行うことができる。

ここでは、かなり抽象的な文言が使用されています。同報告書の p.24 を見てみましょう。養成レベルの修了時点で求められる資質・能力が、「知識」「技能」「態度」の３つの領域別に記述されています。

表1　日本語教師［養成］に求められる資質・能力

	知識	技能	態度
日本語教師［養成］	**【1 言語や文化に関する知識】** （1）外国語に関する知識、日本語の構造に関する知識、そして言語使用や言語発達、言語の習得過程等に関する知識を持っている。 （2）個々の学習者の来日経緯や学習過程等を理解する上で、必要となる知識を持っている。 **【2 日本語の教授に関する知識】** （3）日本語教育プログラムやコースにおける各科目や授業の位置付けを理解し、様々な環境での学びを意識したコースデザインを行う上で必要となる基礎的な	**【1 教育実践のための技能】** （1）日本語教育プログラムのコースデザイン・カリキュラムデザインを踏まえ、目的・目標に沿った授業を計画することができる。 （2）学習者の日本語能力等に応じて教育内容・教授方法を選択することができる。 （3）学んだ知識を教育現場で実際に活用・具現化できる能力を持っている。 （4）学習者に応じた教具・	**【1 言語教育者としての態度】** （1）日本語だけでなく多様な言語や文化に対して深い関心と鋭い言語感覚を持ち続けようとする。 （2）日本語そのものの知識だけでなく、歴史、文化、社会事象等、言語と切り離せない要素を合わせて理解し、教育実践に活かそうとする。 （3）日本語教育に関する専門性とその社

知識を持っている。

（4）日本語教育の目的・目標に沿った授業を計画する上で、必要となる知識を持っている。

（5）学習者の学習過程を理解し、学習者に応じた内容・教材（ICTを含む）・方法を選択する上で必要となる知識を持っている。

（6）言語・文化の違いや社会における言語の役割を理解し、より良い教育実践につなげるための知識を持っている。

（7）異なる文化背景を持つ学習者同士が協働し、主体的に学び合う態度を養うための異文化理解能力やコミュニケーション能力を育てるために必要な知識を持っている。

（8）学習者の日本語能力を測定・評価する上で必要となる知識を持っている。

（9）自らの授業をはじめとする教育活動を客観的に分析し、より良い教育実践につなげるための知識を持っている。

【3 日本語の背景をなす事項に関する知識】

（10）外国人施策や世界情勢など、外国人や日本語教育を取り巻く社会状況に関する一般的な知識を持っている。

（11）国や地方公共団体の多文化共生及び国際協力、日本語教育施策に関する知識を持っている。

教材を活用または作成し、教育実践に生かすことができる。

（5）学習者に対する実践的なコミュニケーション能力・異文化間コミュニケーション能力を持っている。

（6）授業や教材等を分析する能力があり、自らの授業をはじめとする教育活動を振り返り、改善を図ることができる。

【2 学習者の学ぶ力を促進する技能】

（7）学習者の日本語学習上の問題を解決するために学習者の能力を適切に評価し指導する能力を持っている。

（8）学習者が多様なリソースを活用できる教育実践を行う能力を持っている。

（9）学習者の理解に応じて日本語を分かりやすくコントロールする能力を持っている。

【3 社会とつながる力を育てる技能】

（10）学習者が日本語を使うことにより社会につながることを意識し、それを教育実践に生かすことができる。

会的意義についての自覚と情熱を有し、自身の実践を客観的に振り返り、常に学び続けようとする。

【2 学習者に対する態度】

（4）言語・文化の相互尊重を前提とし、学習者背景や現状を理解しようとする。

（5）指導する立場であることや、多数派であることは、学習者にとって権威性を感じさせることを、常に自覚し、自身のものの見方を問い直そうとする。

【3 文化多様性・社会性に対する態度】

（6）異なる文化や価値観に対する興味関心と広い受容力・柔軟性を持ち、多様な関係者と連携・協力しようとする。

（7）日本社会・文化の伝統を大切にしつつ、学習者の言語・文化の多様性を尊重しようとする。

　養成→初任→中堅と成長していく日本語教師の卵の養成レベルでも、かなり高度な専門性が求められていることが分かります。

B

日本語教師［養成］における教育内容

　では、養成段階で求められている高いレベルを達成するためには、どのような内容を学べばよいのでしょうか。この問いは、日本語教師養成機関の立場に立てば、「どのような内容を教育機関として提供すればよいのか」となります。日本語教師［養成］における教育内容は、以下の通りです（p.43）。

表2　日本語教師［養成］における教育内容

3領域・5区分・16下位区分			16下位区分の解説	必須の教育内容	その他の教育内容の例
コミュニケーション	社会・文化・地域に関わる領域	社会・文化・地域	世界と日本	日本語教育が必要とされる社会的背景を考えるために、国際社会の実情と日本との関係、日本の社会・文化、学習者と日本との関係を理解する。	（1）世界と日本の社会と文化	歴史、教育、日本事情、海外の移民施策　等
			異文化理解	多様な背景を持つ学習者個々に必要とされる日本語教育を考えるために、学習者が日本語を必要とするに至った経緯や、学習者と周囲との接触の状況を理解する。	（2）日本の在留外国人施策 （3）多文化共生（地域社会における共生）	国際協力、文化交流、地域協力、メンタルヘルス、外国人児童生徒等　等
			日本語教育の歴史と現状	学習者に適切に接する態度や学習者の背景及び将来を考えるために、日本語教育の歴史や現状、制度を理解する。	（4）日本語教育史 （5）言語政策 （6）日本語の試験 （7）世界と日本の日本語教育事情	教師養成、学習者の推移と多様化、教育制度、各国語試験　等
	言語と社会	言語と社会の関係		学習者の円滑な社会生活を実現するために、社会、文化、政策と言語との関係やそれによって生じる言語の有り様、また社会的な行動を支える社会的・文化的慣習について理解する。	（8）社会言語学 （9）言語政策と「ことば」	「ことば」と文化、言語社会学、教育社会学、言語接触、言語管理、継承語　等
		教育に				

関わる領域		言語使用と社会	様々な社会的状況において円滑なコミュニケーションを実現するために、社会や集団における言語・非言語行動の様相や方略について理解する。	(10) コミュニケーションストラテジー (11) 待遇・敬意表現 (12) 言語・非言語行動	言語変種、ジェンダー差・世代差、地域言語と共通語、地域生活関連情報 等
		異文化コミュニケーションと社会	異なる文化・言語を持つ人々が共存する社会の在り方を考えるために、互いの文化・言語に対する態度や言語を用いた人との関係構築について理解する。	(13) 多文化・多言語主義	言語文化相対主義、自文化（自民族）中心主義、言語選択、アイデンティティ、異文化間トレランス、言語イデオロギー、複文化・複言語主義 等
	言語と心理	言語理解の過程	効果的な日本語教育を考えるために、学習者の言語情報の処理過程や学習の仕組み、学習の方法について理解する。	(14) 談話理解 (15) 言語学習	言語処理、予測・推測、学習者要因 等
		言語習得・発達	個々の学習者に合わせた日本語教育を考えるために、言語の習得過程や学習者要因、また学習効果を高める方略について理解する。	(16) 習得過程（第一言語・第二言語） (17) 学習ストラテジー	幼児言語、中間言語、言語喪失、バイリンガリズム、学習過程、学習者タイプ、学習障害・発達障害 等
		異文化理解と心理	自文化とは異なる環境にある学習者に配慮した指導を考えるために、異文化接触によって生じる問題とその解決、また動機や不安などの心的側面について理解する。	(18) 異文化受容・適応 (19) 日本語の学習・教育の情意的側面	社会的スキル、集団主義、教育心理 等
言語	言語と教育	言語教育法・実習	学習者の日本語能力と求められる日本語教育プログラムの目的や目標を踏まえた日本語教育を考えるために、コースを設計する方法、学習項目に合わせた教授法や教材の選択、授業を組み立てるための準備、学習の成果を測る観点と方法、教授能力を高めるため	(20) 日本語教師の資質・能力 (21) 日本語教育プログラムの理解と実践 (22) 教室・言語環境の設定 (23) コースデザイン (24) 教授法 (25) 教材分析・作成・開発	学習者情報、教育情報、教室活動、障害者教育 等

		の自他の授業分析に必要となる知識及び日本語教育を実践する力を身に付ける。	(26) 評価法 (27) 授業計画 (28) 教育実習 (29) 中間言語分析 (30) 授業分析・自己点検能力 (31) 目的・対象別日本語教育法	
に関わる領域	異文化間教育・コミュニケーション教育	文化の多様性を尊重し、異なる文化背景を持つ者同士の円滑なコミュニケーションを実現するために、文化を異にする者の物事の捉え方やコミュニケーション方略について理解する。	(32) 異文化間教育 (33) 異文化コミュニケーション (34) コミュニケーション教育	国際理解教育、開発コミュニケーション、異文化マネージメント、コミュニケーションに関する言語間対照 等
	言語教育と情報	効率的で創造的な日本語教育を行うために、学習管理や教材作成等に必要となるICT活用方法を知るとともに、情報資源の扱い方について理解する。	(35) 日本語教育とICT (36) 著作権	
言語	言語の構造一般	学習をより効率的なものにするために、言語を分析的に観察する方法を理解し、世界の言語及び日本語を系統的・類型的に捉えるとともに、学習者の言語と日本語学習の関係を理解する。	(37) 一般言語学 (38) 対照言語学	世界の諸言語、言語の類型、音声的類型、形態（語彙）的類型、統語的類型、意味論的類型、語用論的類型、言語学史 等
	日本語の構造	日本語そのものに関する知織を学習者に正確に伝えるために、日本語を分析的に捉える方法を理解し、言語教育的な観点から多面的に整理された日本語に関する知識を体系的に身に付ける。	(39) 日本語教育のための日本語分析 (40) 日本語教育のための音韻・音声体系 (41) 日本語教育のための文字と表記 (42) 日本語教育のための形態・語彙体系 (43) 日本語教育のための文法体系 (44) 日本語教育のための意味体系 (45) 日本語教育のための語用論的規範	日本語の系統、日本語史、日本語学史 等

言語研究			理論言語学、応用言語学、情報学、社会言語学、心理言語学、認知言語学、言語地理学、計量言語学、歴史言語学、コミュニケーション学　等
コミュニケーション能力	学習者の日本語によるコミュニケーション能力を育成するために、コミュニケーション能力に関する知識を身に付ける。また、日本語教育を実践する上で必要となるコミュニケーション能力を向上させる。	(46) 受容・理解能力 (47) 言語運用能力 (48) 社会文化能力 (49) 対人関係能力 (50) 異文化調整能力	表出能力、談話構成能力、議論能力等

　表2の「必須の教育内容」と「その他の教育内容の例」については、以下の「備考」がついています。

　［必須の教育内容］
　　　日本語教師の養成においては、必須となる基礎的な項目について明示した。教育実習を含む「必須の教育内容」のカリキュラム全体に示す割合としては、26単位または420時間の3分の2以上となることが望ましい。
　［その他の教育内容の例］
　　　必須の教育内容以外の項目例については、参考として掲載したが、この限りではなく、各教育機関・団体の特長を生かして設定することができる。

　上記の「「必須の教育内容」のカリキュラム全体に示す割合としては、26単位または420時間の3分の2以上となることが望ましい」とは、50ある教育内容のうち、3分の2以上すなわち33以上の教育内容をカバーすればよい、という意味ではありません。「26単位の3分の2以上

すなわち18単位以上、または420時間の3分の2以上すなわち280時間以上をかけて、50の教育内容すべてをカバーしてください」という意味なのです。

C

日本語教師［養成］の教育課程の目安

　このように『養成・研修の在り方について』は、これまで以上の日本語教師養成課程の充実を強く求めています。では、どのような教育課程を編成すべきなのでしょうか。『養成・研修の在り方について』では、大学の主専攻課程（45単位以上）・副専攻課程（26単位以上）・民間の日本語教師養成機関課程（420時間）別に、日本語教師養成課程のモデル案を提示しています。このうち、私自身が関わっているのが「副専攻（26単位以上）」ですので、「大学における26単位以上の日本語教師養成課程（1）」を、例として紹介します（pp.68-69）。

表3　大学における26単位以上の日本語教師養成課程（1）

必須の教育内容	単位数	科目名（例）
（1）世界と日本の社会と文化 （2）日本の在留外国人施策 （3）多文化共生（地域社会における共生） （4）日本語教育史 （5）言語政策 （6）日本語の試験 （7）世界と日本の日本語教育事情	2〜4	日本語教育入門 日本語教育概論 国際理解教育 日本語教育事情
（8）社会言語学 （9）言語政策と「ことば」 （10）コミュニケーションストラテジー （11）待遇・敬意表現 （12）言語・非言語行動 （13）多言語・多文化主義	2〜4	社会言語学 言語と社会 言語使用と言語政策 言語使用と社会 多言語社会と言語政策 日本語学講義
（14）談話理解 （15）言語学習 （16）習得過程（第一言語・第二言語） （17）学習ストラテジー （37）一般言語学 （38）対照言語学	2〜4	第二言語習得論 言語学概論 日本語の学習と習得 対照言語学
（39）日本語教育のための日本語分析 （40）日本語教育のための音韻・音声体系	2〜4	日本語学概論 日本文法

（41）日本語教育のための文字と表記		日本語教育文法
（42）日本語教育のための形態・語彙体系		日本語学演習
（43）日本語教育のための文法体系		音声指導
（44）日本語教育のための意味体系		
（45）日本語教育のための語用論的規範		
（18）異文化受容・適応		異文化間教育
（19）日本語の学習・教育の情意的側面		教育心理学
（32）異文化間教育		コミュニケーション論
（33）異文化コミュニケーション		コミュニケーション教育
（34）コミュニケーション教育	2〜4	日本語表現法
（46）受容・理解能力		Communication Skills
（47）言語運用能力		
（48）社会文化能力		
（49）対人関係能力		
（50）異文化調整能力		
（20）日本語教師の資質・能力		日本語教授法
（21）日本語教育プログラムの理解と実践		日本語教育方法論
（22）教室・言語環境の設定	2〜4	
（24）教授法		
（29）中間言語分析		
（31）目的・対象別日本語教育法		
（26）評価法		教材とメディアリテラシー
（30）授業分析・自己点検能力	2〜4	授業分析・評価
（35）日本語教育と ICT		
（36）著作権		
（23）コースデザイン		日本語教育の内容と方法
（25）教材分析・作成・開発	2〜4	日本語教育実践
（27）授業計画		日本語教育演習
		日本語教育方法論
（28）教育実習	1〜3	日本語教育実習
26 単位		

　これらの科目の授業を行う際の教育方法として、「講義・演習の形式だけでなく、事例研究、問題解決学習など、主体的・協働的に学ぶ機会を取り入れることが求められる」（p.68）と述べられています。この教育方法は、新学習指導要領の「主体的・対話的で深い学び」（文部科学省 2017）に準拠しています。また、備考2として、「全科目の下限の単位数を合計すると 17 単位となる。26 単位までの 9 単位分は、単位数の幅を生かす

ことにより、各大学における特色ある教育課程を編成することが可能である」という文言が添えられています。このことにより、必須の教育内容とそれをカバーするための授業科目を明示しつつも、各大学の実情に合わせた弾力的な運用が可能になっています。

D

日本語教育実習の充実の必要性

『養成・研修の在り方について』では、必須の教育内容の中、特に教育実習について、詳細にわたる文言が書かれています（p.44）。

表4　教育実習の指導項目

教育実習の指導項目	実習内容（例）
①オリエンテーション	○教育実習全体の目的の理解 ○教育実習の構成要素と内容の理解 ○学習者レベル別、対象別の教育実習に対する留意事項
②授業見学	○授業見学のポイントや視点の理解 ○授業見学及び振り返り ○授業ビデオ観察及び振り返り
③授業準備	○教壇実習に向けた指導項目の分析 ○教壇実習に向けた教案作成 ○教壇実習に向けた教材準備（分析・活用・作成）
④模擬授業	○模擬授業及び振り返り
⑤教壇実習	○教壇実習及び振り返り
⑥教育実習全体の振り返り	○教育実習全体としての振り返り

この表の「模擬授業」と「教壇実習」については、以下の追加説明がついています（p.44）。

- ・「④模擬授業」とは、授業計画や教材、指導方法などの妥当性を検討することを主な目的として、受講生同士が教員役と学習者役に分かれるなどして、授業のシミュレーションを行う活動を指す。
- ・「⑤教壇実習」とは、現実の日本語学習者に対して、その学習・教育の効果を狙って、実際に指導を行う活動を指す。

この説明は、実習生同士で行う「マイクロ・ティーチング」と、実際に

日本語学習者に対して行う「教壇実習授業」を区別した上で、その両方を教育実習プログラムに含むべきであると理解すべきでしょう。教育実習に関しては、さらに次のような文言も付け加えられています（p.45）。

　　ここに挙げられた指導項目以外にも、養成・研修実施機関や実習受入れ日本語教育機関の教育理念等に照らして、学習者に対する評価や、テストや課題（宿題）等の作成、多様な実践を取り入れることも考えられる。

　　教壇実習においては、可能な限り日本語を母語としない者を対象として指導を行うべきであり、現に日本語を学習している者を対象に行うことができれば更に良い。

　　教育実習の対象者については、国籍や言語、日本語学習歴など多様な背景を持つ者が想定される。養成修了段階の多様な活動分野を想定し、可能な限り多様な対象に対して機会が与えられることが望ましい。

　　指導形態については、クラス形態や少人数でのグループ指導、個別指導など多様な形態に対して機会が与えられることが望ましいが、法務省告示日本語教育機関における教員の要件を満たす研修を想定する場合には、5〜20名規模のクラス形態での教壇実習を経験させることが重要である。

　これらの文言から、文化審議会国語分科会（2019）の「充実した教育実習を養成課程では必ず実施すべきである」（傍点筆者）という強いメッセージが読み取れます。

E

養成課程のあるべき姿（バックワード・デザイン）

　バックワード・デザインとは、「ここまでの力をつけてあげたい」という最終到達目標をまず設定し、「そこに到達するためには、どのような指導をすればよいのか」という形で、系統的・継続的な指導を計画的に行うことです。時間の進行とは逆の発想で指導内容を考えていくので、バックワードという用語が使われています。西岡（2008）は、バックワード・デザインの邦訳として「逆向き設計」という用語を当て、なぜ「逆向き」と呼ばれているのかについて、以下のように説明しています。

　　教育によって、最終的にもたらされる結果から遡って教育を設計することを主張しているからである。通常、カリキュラムについては、順番に何を教えていくのかという積み上げの発想で捉えられがちである。しかし「逆向き設計」論は、たとえば学年末や卒業時に一体、何を身につけておいてほしいだろうかという教育の成果から逆向きに発想することが主張されている。

　ウィギンズ・マクタイ（2012: 17）は、「逆向きでない設計」の弊害について、以下のように述べています。

　　求められている結果とは何かを特定することによってのみ、それらの結果を最も達成しやすい内容、方法、活動に焦点を合わせることができるのである。しかし、多くの教師は、求められている結果——アウトプット——に含意されていることから授業や活動を導き出してはいない。むしろ、教科書や好みの授業や昔からの活動——インプット——に焦点を合わせて設計し始め、その後もそれらに焦点を合わせ続ける。奇妙に聞こえるかもしれないが、あまりにも多くの教師が、学習にではなく指導に焦点を合わせているのである。教師は、学習者が

　　　　第2章　日本語教師［養成］課程に求められるもの

学習ゴールを達成するために何をしなくてはならないかについて、最初に考慮してはいない。むしろ、自分が何をするか、どんな題材を使うか、何を生徒に尋ねるかを第一に考えて、ほとんどの時間を使ってしまう。

　このバックワード・デザインの考え方は、分野を問わず有効に機能します。日本語教育でも同様です。例えば、横溝・坂本（2016: 19-20）は、教案作りにおけるバックワード・デザインの有効性について、以下のように述べています。

　　教案を作っていると、「あれもこれも」と、教室活動を欲張ってしまいがちです。すると、時間通りに終わらない、という問題が生じやすくなります。それを避けるためには、授業の最後から最初までを逆算して教案を考える「バックワード・デザイン」が有効です。（中略）各活動を有機的につなげることができれば、授業全体の目標を実現することが可能になります。このような「バックワードによる授業デザイン」は、全ての授業に応用可能です。

　バックワード・デザインの考え方が有効なのは、日本語教師養成にも当てはまります。「養成の修了時にどのような力を身につけておいてほしいか」をまず明確にして、それを達成するために、「いついつまでにこの力がつくようにしよう」「その力がついたかどうかは、こうやって判断しよう」「その力をつけるために、こういった教材を使用し、こういった指導をしよう」という形で日本語教師養成課程を設計するのです。そうすることで、養成課程修了時のゴール達成の度合いがぐっと高まります。「養成の修了時にどのような力を身につけておいてほしいか」は、「日本語教師養成課程の履修生がどのようなニーズを持っているのか」「どのぐらいの時間とエネルギーをかけた養成が可能なのか」等の要素に基づいて、教育機関別に定めてよいものと私は考えています。

第3章

日本語教師
[養成]課程の
教育実習

日本語を教える力を身につけるために、教育実習
は必要不可欠です。どのような形で教育実習を実
施したらよいのか、具体的に見ていきましょう。

A

オリエンテーション

　日本語教師養成課程では、さまざまな授業が提供されます。例として
は、「外国語教育としての日本語教育、言語学、対照言語学、社会言語
学、第二言語習得論、日本語の音声、文法、語彙・意味、文字・表記、言
語行動、日本語史、読み・書き・話す・聞くの四技能の教育、日本語教育
評価法、視聴覚メディア」（坂本・大塚 2011: 5）等が挙げられるでしょ
う。これらの授業で、受講生は「日本語教育の基礎的知識」を学びます。
その基礎的知識を、実際の授業を行う力につなげるための授業が「日本語
教育実習」であり、多くの日本語教師養成課程で最終段階に位置づけられ
ています。

　では、「日本語教育実習」の授業をどう行うのかについて見ていきま
しょう。『養成・研修の在り方について』は、「教育実習の指導項目とし
て、以下の①～⑥を全て含めること」（p.44）と述べています。

　　① オリエンテーション
　　② 授業見学
　　③ 授業準備（教案・教材作成等）
　　④ 模擬授業
　　⑤ 教壇実習
　　⑥ 教育実習全体の振り返り

以下、指導項目順に詳しく見ていきましょう。

　まずは、オリエンテーションです。オリエンテーションの実習内容の例
として、『養成・研修の在り方について』では、次の3つが挙げられてい
ます（p.44）。

　　・教育実習全体の目的の理解

・教育実習の構成要素と内容の理解
・学習者レベル別、対象別の教育実習に対する留意事項

それぞれの内容について見ていきます。

1. 教育実習全体の目的の理解

　日本語教育実習の目的は、一言で言うと、「知識として学んできたことを、実践の場で体験・実践してみることで、教える力を伸ばすこと」となるでしょう。このことに関して、坂本・大塚（2011: 5）は、以下のように述べています。

　　　何事もそうですが、頭の中で理解することはとても大事ですが、その次の段階で、それを実際の現場でどのように活用したらいいかも、体験・経験してみる必要があります。頭ではわかっていても体がなかなか思ったように動かない、という経験はありませんか。実習では、一人ではなく学習者という相手がいることですし、もっと複雑です。日本語教育ではいくら教師に知識があって、いろいろなことを理解していても、最終的には学習者に理解してもらい、学習者が日本語が使えるようにならなければ、勝負は負けです。

　このような教育実習全体の目的を理解してもらうためには、前年までの実習生の成長過程を映像で観てもらうのが効果的です。「緊張してなかなかうまく教えられない」状態から、教育実習の終わり頃の「日本語学習者に対して堂々と授業をしている」状態に変容した先輩たちの成長が、実習生に伝わります。そのタイミングで「みんなも必ずこんな感じで授業ができるようになるから頑張ろう！」と到達目標を設定し、「その実現のために、私も精一杯のサポートをします」と宣言することにより、実習生と担当教員の協力体制をつくりあげることができます。

2. 教育実習の構成要素と内容の理解

　構成要素と内容は、上掲の「教育実習の指導項目」6つ、オリエンテーションから教育実習全体の振り返りまでと一致します。

3. 学習者レベル別、対象別の教育実習に対する留意事項

　日本語学習者のレベルは、例えば、「初級→初中級→中級→中上級→上級」というように分類可能なのですが、私が知っている限りでは、実習生による教壇実習は、初級または初中級の日本語学習者を対象として行われることが多いように思います。日本語の勉強を始めて間もない初級・初中級の学習者は、当然のことながら、知っている文型・単語の数が限られています。そんな学習者に対して、「日本語のみ」で授業をする場合は、分かりやすい日本語を駆使すること、すなわちティーチャー・トークが必要です。岡崎・長友（1991: 245-246）は、「ティーチャー・トーク＝教師の発話を学習者にとって理解可能なものにするためのあらゆる工夫」と捉えて、以下のような例を挙げています。

① 話すスピードを学習者に合った適切なものにする。
② 語彙や構文の難易度を学習者に合った適切なものにする。
③ 視覚情報を利用する。
　・身振りや手振り、しぐさや表情を利用する。
　・教師、学習者が共通して見ることのできる事物、例えば机や窓の外に見えるものなど、を利用する。
　・図や写真などを利用する。
　・黒板に絵を描く。
　・漢字圏の学習者に対しては漢字を書いたり、英語話者には英単語を書いたり、母語を動員する。
④ 談話上の調整を行う。
　・学習者にとって耳新しい単語や言い回しについては繰り返し聞かせる。

・一まとまりの話が終わった後、それを要約して項目化したり短い
　　　内容のものについては一つ話が進む度に内容を繰り返したりする。
　⑤ 学習者が理解できないという反応を示した場合に適切な対処を行う。
　　・分からない単語について別の単語に言い換える、例えば、「停留
　　　所」の代わりに「バスが止まる所」と言ったり、絵で示したりす
　　　る。
　　・分からない単語の内容について例を示して確認する。鉱物という
　　　単語に代えて、鉄とか金のことですと言い直す。
　　・一度言った単語を繰り返す。
　　・ゆっくり言い直したり大きい声で言い直したりする。
　　・単語を区切って発音する。
　　・抽象的な単語については具体的な語を並べて例で示す。
　　・分からない単語について意味の上で関連のあると思われる類似語
　　　を並べる。例えば、「らくだ」という言葉の意味を分からせるた
　　　めに、「オアシス」「砂漠」「動物」などと並べて理解に結びつけ
　　　る。
　　・分からない語の反対語を並べてその語の意味を分からせる。例え
　　　ば「最大、最小の最小」と言って「最小」の意味を分からせる。
　　・普通の会話で組み合わせて取り上げられるような語を並べて分か
　　　らせるようにする。例えば、「犬猫の犬」「帽子を被るの被る」
　　　等。
　　・目標の言葉の持つ特徴を示して分からせるようにする。例えば、
　　　「まるいボール」等。

　教育実習の段階でこのようなティーチャー・トークを身につけること
は、日本語教師の必要スキルといってもよいでしょう。そのため、教育実
習では、ティーチャー・トークが必要な初級・初中級の日本語学習者を対
象にしていることが多いと思われます。
　次に「対象別」ですが、これは（1）学習者の属性による分類、（2）教
育実習が行われる場による分類と捉えられそうです。（1）の学習者の属

性による分類は、例えば学習者の使用言語は何かということが挙げられます。国内の教室では、さまざまな国籍・背景を持つ学習者が同じクラスにいることも多いでしょう。そのため、分類の基準の一つとして、「（学習者に共通言語が存在し、教師もそれを使用できるという条件下で）媒介語が使用できるかどうか」が考えられます。媒介語が使用できる場合は、「使い過ぎ」に気をつける必要があります。横溝（2011a: 146）は、「媒介語を使用し色々な説明をしていく際に心掛けるべき点」として、以下の項目を挙げています。

① 教科書に書いてあることをそのまま繰り返すのではなく、分かりやすく要約したものを使用する。
② 学習者の目標言語使用の機会をなるべく多く保つために、媒介語による説明は簡潔にする。
③ 学習者の理解度を確認するため、学習者に質問させる。質問がない場合は、逆に教師側から聞いてみる。
④ 既習事項と新出項目を結びつけ、まとめる。
⑤ 語源や文化的・社会的背景等の説明を行う際は、その説明と学習項目のつながりを明確にする。
⑥ 目標言語の発話練習を行っている際に媒介語による説明を突然始めることは、授業の流れを止めることにつながるので避ける。

　このような点に留意することで、媒介語の適切な使用が可能になることを実習生に伝えます。
　（2）の教育実習が行われる場による分類ですが、以下のような学習者が考えられます（国外を除きます）。

　　・大学の留学生センター／留学生別科所属の学習者
　　・大学への短期留学生
　　・日本語学校所属の学習者
　　・（募集等の方法で集められた）学習者

それぞれの学習者によって学習動機やニーズが異なっていますので、それに合わせた日本語教育実習のデザイン・運営が必要です。また、日本語学習者に対する「学習保障」がどの程度求められるのかへの配慮も求められます。

B

授業見学

「授業見学」は「授業観察」とも呼ばれます。教育実習のどのような場面で授業観察が行われるかについて、岡崎・岡崎（1997: 37）は、以下の場面を挙げています。

- a．現職教師による授業の観察を、実習コースの一部である教室経験として行う。
- b．実習の指導者による授業の観察を、授業のモデルを見る経験の一環として行う。
- c．他の実習生の教壇実習を観察する。
- d．実習の指導者が実習生の授業を診断し、必要な支援をするために行う。

教育実習プログラムの中で、授業観察は非常に重要な役割を果たします。坂本・大塚（2011: 77-79）は、「（上掲の場面aとbで）なぜ授業観察が重要なのか」について、次のような点を挙げています。

〈授業全体に関して〉
- ・授業の臨場感が体験できる。
- ・異文化を背景に持つ学習者と日本語教師との接触場面を観察できる。
- ・日本語教室という共同体のダイナミズムに触れることができる。
- ・日本語クラス特有の教室文化、教室習慣、ジェスチャーなどがあることがわかる。

〈教師に関して〉
- ・先輩教師の技術・ワザに触れられる。
- ・教師側の準備の大切さがわかる。

・クラス運営の仕方がわかる。

・教科書、補助教材の使い方がわかる。

・黒板、五十音図、地図等の使い方がわかる。

・指示、キューの出し方がわかる。

・学習者によって、または誤りの性質の違いによって、訂正の仕方も異なることがわかる。

・教師の言語観、言語教育観、言語学習観などがわかる。

〈学習者に関して〉

・学習者がどんな誤りを犯すかがわかる。

・授業中の学習者の心理も少し理解できる。

・学習者がどんなときにノートを取るかがわかる。

・学習者がどんなときに授業に集中して、どんなときにしていないかがわかる。

〈教師と学習者に関して〉

・教師が学習者から質問を受けて、学習者に理解させるまでの一連のプロセスがわかる。

・授業中にコミュニケーションブレークダウン（お互いの意志伝達がうまく出来なくなった状態）が起きたときの、教師または学習者の対処の仕方がわかる。

・教室活動の種類によって、教師と学習者の役割の変化、動きがわかる。

〈観察者に関して〉

・自分にどんな日本語教育能力（知識、技術）が不足しているかが実感できる。

・学んだこと（日本語学、言語学など）をそのままの形で実際の授業に使うことはめったにできず、"橋渡し"の必要性があることがわかる。

・いろいろ学んだ外国語教授法のどういうところが授業で実際に用いられているかがわかる。

・客観的に、中立的な立場で、冷静に"日本語の授業"というもの

を観察することができる。（実際自分で教えていると、次に何を
するかなどを考えているので、なかなかできない）
・どんな補助教材が必要かがわかる。
・自己研修型教師へのスタートとなる。

　日本語教師養成課程にいる実習生（学生）にとっては、数多くの授業を
受け書籍を読んで、たくさんの知識が頭の中に入っていた（と思ってい
た）としても、実際の授業を見ると、「あ、そうなのか」「え、そうだった
のか」という驚きに近い発見がたくさんあります。まさに「百聞は一見に
如かず」なのです。人の授業から学ぶこと、それは日本語教師としての大
きな成長のきっかけとなります。授業観察は、「自己研修型教師へのス
タート」とも位置づけられるでしょう。

　授業観察は、「人の授業を観る」作業ですので、簡単そうに思えます
が、困難を覚える実習生が少なくありません。一度に数多くのことに気づ
くのが、至難の業だからです。授業観察にはある程度の「慣れ」が必要
で、実際に授業観察をする前に、できる限りの練習をしておくことをお勧
めします。

　私はこの練習活動を行う前に、ある映像（Selective Attention Test）
を見せることにしています（Simon & Chabris, 2010）。「白の服を着た
人々が、バスケットボールを何回パスしたか」を数える映像です（図5）。
最初から最後まで流し、何回パスしたかを回答してもらいます。その後、
「途中で出てきたゴリラに気が付いたか」と聞くと、「気づかなかった」と
いう回答がたくさん出てきます（図6）。

　もう一度最初に戻って、最後まで上映すると「あ、本当だ、ゴリラがい
た！」という声が上がります。このタイミングで、「人は一つのモノに集
中すると、他のモノが見えなくなります。授業観察も同じです。ですか
ら、一人に一つずつ見るモノを決めますので、それだけを見て、あとで他
の実習生にその結果を共有してください」と伝えます。これで「一つのモ
ノに集中して授業観察をする」という心構えができます。

図 5　Selective Attention Test その 1

図 6　Selective Attention Test その 2

　その後の進め方ですが、できれば「日本語教育実習」以前に開講される養成課程の授業中に、履修生同士の模擬授業等で練習するのがよいと思います。以下が、私が 2 年次の学生対象に開講している「日本語教育方法論演習 1」の活動の進め方です。

1.　教師役の学生（授業者）が 1 名、残りの学生（この場合は 9 名）は日本語学習者役になる。
2.　教師役の学生（授業者）は以下のことを意識しながら、授業を行う。
　　a．否定的フィードバック

b．肯定的フィードバック

　　c．アイコンタクト

　　d．指名

　　e．ジェスチャー

　　f．表情

　　g．姿勢

　　h．立ち位置

　　i．声の大きさ／質

3．日本語学習者役の各学生は、授業後のふり返りセッションの責任担当者になる。（例：A さんは a. 否定的フィードバック、B さんは b. 肯定的フィードバック…）

4．3 分間の授業を行う。

　　(1)　動詞の「～ます」→「～た」の機械的変換練習（1 分半程度）

　　(2)　「～に行ったことがありますか」から始まる対話の展開（残りの時間）

　　　　対話の展開例

　　　　　　教　　師：○○に行ったことがありますか？

　　　　　　学生A：はい、行ったことがあります。

　　　　　　教　　師：どうでしたか？

　　　　　　学生A：とても楽しかったです。

　　　　　　教　　師：そうですか。B さんは、○○に行ったことがありますか？

　　　　　　学生B：いいえ、行ったことがありません。でも、行きたいです。

　　　　　　教　　師：そうですか。○○で何をしたいですか？

5．学習者役は、特に機械的変換練習の時に、時々意図的に間違うようにする。（例：「かきます」→「かきた」）

6．ふり返りセッション（3～5 分程度）

　　　　まず、授業者が、自分の授業についての「気づき」を述べる。

　　　　続けて、a～i の責任分野の担当者（学習者役）が順番に、授業者

に「気づき」を伝える。

　このような形で、責任分野を一つだけ決めて、それに集中して観察し、その責任分野をローテーションしていくことで、少しずつ観察に余裕が出てきて、さまざまなことに気づけるようになります。時間や場所の都合で履修生同士の模擬授業ができない場合は、日本語授業を録画したDVDを活用して実施できます。日本語教師養成課程のどこかで、できれば早めに何度も、こういった練習をしておけば、授業観察力がぐっと高まった状態で教育実習に臨むことができます。

模擬授業の様子

　授業観察は、「構成的でないもの」と「構成的なもの」の、大きく二つに分けられます（川口・横溝 2005a: 85-86）。

［構成的でないもの］
　・大切だと思われるものは何でも書き留めていくタイプの授業観察。
　・広く色々なことに気づくことが出来るので柔軟性がある。
　・色々な気づきに翻弄されて、大切な点を見逃してしまう可能性もある。

［構成的なもの］

- ・予め作成された観察シートに基づいて進められる授業観察。
- ・観察ポイントが記されている分、そのポイントについての大切な点の見逃しが少なくなる。
- ・観察ポイント以外の気づきは制限されることになる（それを解消するために観察ポイントを数多く網羅的にしようとすると、観察シート上の情報量が多くなりすぎて、観察自体が困難になってしまう）。
- ・さらに3つに下位区分される。
  - ・観察ポイントについて気づいたことを自由記述していく形式
  - ・観察ポイントそれぞれについて点数を記入する形式
  - ・教室内での出来事（観察ポイント）が起きた回数を記入する形式（出来事が起きた回数をまとめて表すことで、行動パターンを明らかにすることが目的）

　構成的なもので使用される観察シートは、「観察者自身が自分で作成するのが望ましい」とされることが多いのですが、実習生の場合、ゼロからの自力作成にはかなりの困難を伴います。以下のような「例」をたたき台にすると、作成しやすくなります（次ページ）。

　このような観察シートがあると、「どこを見ればよいのか」の焦点化ができます。

例：観察ポイントについて気づいたことを自由記述していく形式

授業日（　　　　月　　　　日）
授業者（　　　　　　　　　　）
教科書（　　　　　　）第（　　　）課

教師の発話（ティーチャートーク・指名・質問・説明等を含む）

良かったところ　　　　　　　　自分ならこうするんじゃないかなと思ったところ

教師の行動（立ち位置・動き・表情等のノンバーバル面）

良かったところ　　　　　　　　自分ならこうするんじゃないかなと思ったところ

教材の使い方

良かったところ　　　　　　　　自分ならこうするんじゃないかなと思ったところ

クラスルーム運営
（教師と学習者／学習者同士のインターアクション・雰囲気づくり等）

良かったところ　　　　　　　　自分ならこうするんじゃないかなと思ったところ

教室活動の流れ・つながり

良かったところ　　　　　　　　自分ならこうするんじゃないかなと思ったところ

その他気づいたところ

よく分からなかったところ（疑問に思ったところ）

全体的感想／コメント

C

授業準備（教案・教材作成等）

　授業準備の内容として、『養成・研修の在り方について』では、以下の
3つを挙げています（p.44）。

- ・教壇実習に向けた指導項目の分析
- ・教壇実習に向けた教案作成
- ・教壇実習に向けた教材準備（分析・活用・作成）

　それぞれ詳しく見ていきましょう。

1. 指導項目の分析

1-1. 教科書分析

　日本語教育実習では、市販されている教科書を教材として使用すること
が多いと思います。与えられた教科書をどのように効果的に、そして創造
的に使っていくかを、教育実習生は考えなければなりません。そのために
必要なのが、「教科書分析」です。川口・横溝（2005a: 50-52）は、以下
の分析の観点を挙げています。

- a．タイトルで何が強調されているか
  タイトルが、その教科書の目指す目標を、あらわしていること
  がある。
- b．著者・編者はどういう人／人々か
  その教科書の製作に携わった人／人々の、言語教育に対する信
  念が、教科書にはよくあらわれている。著者・編者が、言語教
  育の世界で著名な人である場合、その人が教科書以外の論文な
  どで主張している信念が、教科書にちりばめられている可能性
  が多くある。

c．前書き

　　教科書の前書きには、その教科書の歴史や教科書の概要が書いてある。前書きの中から、教科書の基礎を作っている以下の「前提」が読み取れることも多い。

言語教育観

　　言語をどのように捉えると効果的か、また言語教育とはどのようなものであるべきかなどについての考え方

言語学習観

　　言語学習をする場合どのような学習方法が効果的であり、言語学習を促進したり阻害したりする要因として、どのようなものがあるかについての見方

学習者観

　　言語学習をしている学習者はどのようなものであり、どのような性格のものであるか、どのようなタイプの学習者がいるかなどについての考え方

言語観

　　言語とはどのようなものであるかについての見方。例えば、言語は記述可能な細かい要素から成り立っているというような構造的な見方、言語は、言語によって果たされる機能の集まりと捉える見方、言語とはコミュニケーションの手段であるという見方など

＊以上の前提に注目すると、教科書の著者・編者の教科書作りに際しての信念そして対象が明確になる。特に、どのような学習者を想定して作られた教科書かがはっきりすれば、自分の学習者との間にどの程度の共通性そして違いがあるのかに関する理解が深まる。

＊前書きの中で、使用方法（教授項目をどう扱うのか）についての言及がある場合がある。その中には、教授項目を実際の授業でどう扱うのかに関する製作者の考えが、例またはモデルとして書かれていることがある。望ましい授業の流れ、学習期間・

時間数・集中度、使用形態例、独学の可・不可等に関する情報が載っている可能性もある。

d．教授項目の選定と配列

　　教科書の中に含まれている教授項目とその並べられ方も、教科書の著者・編者の教科書作りに際しての信念を表している。目標の達成をどのように実現しようとしているのか、すなわちどのようなシラバス（例えば、構造シラバス、機能シラバス等）に基づいた教科書であるのかを、教授項目の選定と配列から探ってみる。

e．本文の特徴

　　教科書の本文つまり授業で学生と共に使用する部分を注意深く見てみる。

　　　・日本語がどのように表記されているか（平仮名／片仮名／漢字／ローマ字のどれが使われているか、また漢字が使用されている場合ふりがなはついているか、等）。

　　　・イラスト・写真・地図・図表等はあるか、そしてその質はどうか。

　　　・使われている日本語はどのような日本語か。

　　　・各レッスンはどのような構成になっているか。

　　　・本文に文法の解説はあるか、ある場合は、その解説の量と質はどうか。

　　　・各レッスンの練習はどのような内容になっているか、そしてその質はどうか。

f．関連教材

　　教科書に準拠した既成の関連教材がある場合は、大きな助けとなる場合が少なくない。以下のものがあって手に入るかどうかを調べてみる。

　　　　練習帳や漢字帳

　　　　音声データ

　　　　映像データ

絵カード

ICT ソフト

文法解説書・教師用指導書・文化解説書

＊それぞれの関連教材も、上記の教科書と同じ分析の仕方を適用して、その目標と内容を把握しておく必要がある。

このような点を考慮して教科書を分析してみると、教科書に関する全体的理解が深まります。

最近はいろいろなシラバスの教科書が出ていますが、教育実習を行う際は、初級レベルの学習者を対象に文型シラバスの教科書が使用されることが現状では多いと思います。その場合は、使用教科書を「文型」という観点から分析することが必要です。

　　一般的にいって、初級レベルの教育項目は文型という形で取り出すことができます。具体的にいうと、名詞（述語）文、イ形容詞文、「〜（し）ている」文、受身文、使役文などです。そこで、まず、教科書分析のところで学んだ知識を使って、実習で使用する教科書を文型という観点から眺める必要があります。つまり、各課でどのような文型が導入されるのかを知るということです。各課の文型導入の状況がわかると、どのような順番で文型を教えるのかが自然にわかります。どのような教科書でもやさしい文型から難しい文型へと順に配列されているのは当然のことですが、難易度が同じぐらいであっても、文型の提出順序は教科書によって異なります。また、最初に名詞（述語）文を教える教科書もあれば、動詞文を教える教科書もあるのです。

　　　　　　　　　　　　　　　　　　（坂本・大塚 2011: 26）

教育実習で授業を行う時は通常、各実習生に担当部分が割り当てられます。上掲の「文型という観点からの分析」によって、「日本語コース全体の中での、自分が教える項目の位置づけ」が明確になります。

1-2. 多角的な分析

　ここで、教える項目の分析を行います。坂本・大塚（2011: 27-28）は、文型を以下の3つの側面から多角的に分析することを勧めています。

 a．文法的側面

  活用形、助詞の使い方、受身にすることができるかどうか、など

 b．意味的側面

  その文型の意味的特徴

 c．語用論的側面

  実際にどのような場面・状況で、どのような相手に使うことができるか、また、どのような機能で用いられるか

　例えば、「～（し）ている」が教える項目であれば、「ここで初めてテ形を学習するのか、すでに他の文型でテ形を学習しているのか」「二種類の「～（し）ている」を分けて／同時に教えるのか」等を、使用教科書を見ながら実習生に確認させることが必要です。

　次に、使用する教科書を「本当にその順番そのままで教えた方がいいのか」「出てくる練習などは全部すべきなのか」「足りない練習はないのか」等の視点で考えるといいでしょう。この点について、横溝・坂本（2016: 20-21）は、以下のように述べています。

　　　多くの初級の教科書は、1つの課でいくつかの文法項目を取り扱っています。例えば、こんな構成の教科書があるとします。

　　　第○○課
　　　1．基本対話（文法項目A～Dが全て含まれている）
　　　2．語彙リスト
　　　3．文法説明（文法項目A～Dの順で）
　　　4．機械的ドリル（文法項目A～Dの順で）

5．会話練習（文法項目 A〜D の順で）

　この教科書を 1〜5 の順で進めていくと、A〜D の順で何度も学習項目が出てくることを、実習生に気づかせることが必要です。気づかせた後に、「一つの文法項目に焦点を当てた方が、より効率的な学習になること」、そして「一つの文法項目に焦点を当てるために、以下のような仕分けができること」を伝えます。

　　　　第○○課の第△時間目の授業
　　1．基本対話（文法項目 A〜D が全て含まれているが、特に文法項目 A に注目させる）
　　2．語彙リスト（文法項目 A の文法説明、機械的ドリル、会話練習で出てくるもの）
　　3．文法説明（文法項目 A）
　　4．機械的ドリル（文法項目 A）
　　5．会話練習（文法項目 A）

「教科書は出てくる順番で教える」と思っている実習生は意外なほど多いので、上記のような丁寧な指導が必要だと私は思います。

2．教案作成

　第 2 章「E. 養成課程のあるべき姿（バックワード・デザイン）」で、日本語教師養成課程をデザインするために「バックワード・デザイン」が有効であると述べました。バックワード・デザインは、すべての授業に応用可能ですので、日本語の授業の構想も、バックワードで考えてみましょう。
　横溝・坂本（2016: 19-20）は、教案作りにおけるバックワード・デザインの進め方について、以下のように述べています。

　　　教案を作っていると、「あれもこれも」と、教室活動を欲張ってしまいがちです。すると、時間通りに終わらない、という問題が生じや

すくなります。それを避けるためには、授業の最後から最初までを逆算して教案を考える「バックワード・デザイン」が有効です。例として、50分の日本語会話授業を、5段階（およそ10分ずつ）に分けてデザインしてみます。この授業の目標を、「自分の部屋の説明ができる」としましょう。この目標が授業中に達成できたかどうかを評価するためには、学習者に「自分の部屋の説明」をさせなければなりません。とすれば、授業の最後の活動は、「自分の部屋についてのプレゼン」となります。その前に必要な活動は、きっと「プレゼンの練習」でしょう。ではその前の活動は、何になるでしょうか。おそらく「プレゼン内容の作文」でしょう。その前に行うべき活動は、「プレゼンで使える文型の導入または復習」あたりでしょうか。では授業の一番最初に行うべき活動は、「最後のプレゼンや文型練習／復習で出てくるであろう語彙の導入」等が考えられます。

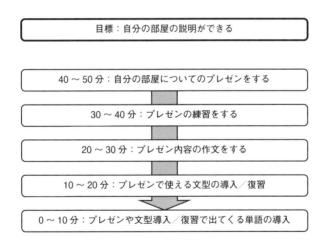

目標：自分の部屋の説明ができる

40〜50分：自分の部屋についてのプレゼンをする

30〜40分：プレゼンの練習をする

20〜30分：プレゼン内容の作文をする

10〜20分：プレゼンで使える文型の導入／復習

0〜10分：プレゼンや文型導入／復習で出てくる単語の導入

　このような考えで授業のデザインをする時に、インデックス・カードが役立ちます。5枚のカードの表に、それぞれ行おうと思う教室活動と、準備するものを書きます。そして、裏面にはそれぞれ、教師の発問や指示などを書きます。

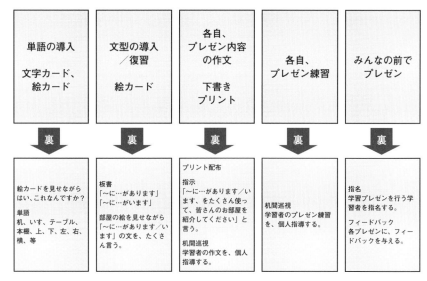

インデックス・カード

　カードを使うのは、何度も並べ替えや書き換えができ、教室活動一つ一つだけでなく、各活動のつながりまで見通すことができるからです。

　横溝・坂本（2016: 27-32）は、教案作成までのプロセスを、以下のように紹介しています。

［ステップ1］　担当する授業の位置づけの確認

　　その授業は、第何課の何回目の授業なのか、その授業の前後に、どのような授業が行われる予定なのかを確認しましょう。例えば、こんな感じです。

（この授業の学習内容）

　　初級後半の授業

　　・「〜てしまいました」「〜てしまったんです」の導入と練習

（これまでの学習項目）

　　・テ形／・タ形／・〜んです

（次の授業）

　　・今日授業で学習した文型の復習

［ステップ 2］　授業目標の設定

　　その授業で「何をどこまで教えるのか」を決めましょう。また、それを実現するために使える時間、つまり授業時間も確認しておきましょう。

　　　・「〜てしまいました」を適切な場面の中で使えるようになる（35 分）

［ステップ 3］　授業の最後の活動の決定

　　「授業目標を授業中に達成できたかどうかを評価するための教室活動」を何にするのか決めましょう。また、それにどれぐらい時間がかかるのかも考えます。

　　　・「〜てしまいました」を使ったロールプレイを、ペアでクラスメートの前で行う（10 分）

［ステップ 4］　授業の他の活動の決定

　　「授業の最後の活動に結びつけるために行う教室活動は、何にするのか」を決め、「各活動にどのぐらいの時間をかけるのか」を考えます。その際、バックワードで考えていきます。

　　　・ロールプレイをペアでクラスメートの前で行う（8 分）
　　　・「〜てしまったんです」を使ったロールプレイの、ペア練習（7 分）
　　　・「〜てしまったんです」を使ったモデル・ロールプレイの暗記（3 分）
　　　・「〜てしまったんです」を使ったモデル・ロールプレイの提示（2 分）
　　　・「〜てしまったんです」の導入と説明（2 分）
　　　・絵カードを見て、状況に合った「〜てしまいました」の文を作る練習（5 分）
　　　・文字カードを使い、「〜ます」を「〜てしまいました」に変える練習（5 分）
　　　・文脈の中での「〜てしまいました」の導入と文型説明（3 分）

［ステップ5］　授業全体の流れの確認

　「各教室活動が、有機的につながっているか」を確認しましょう。

　　「～てしまいました」

　　　導入と文型説明→文字カードを使った機械的ドリル練習→絵カードを使った練習

　　「～てしまったんです」

　　　「～てしまったんです」の導入と説明→モデル・ロールプレイの提示→モデル・ロールプレイの暗記→ロールプレイのペア練習→ロールプレイをペアでクラスメートの前で行う

　少しずつ段階を踏んでいるので、このままの順番で大丈夫そうです。

［ステップ6］　教科書・教材の分析

　「文法説明は、教科書通りでいいのか」「機械的ドリルの量や質は適切か」「会話練習の量や質は適切か」等を吟味しましょう。

［ステップ7］　既習の語彙、文型、文法の確認

　「学習者がこれまで学んできた／身につけてきたことは何なのか」を確認します。教科書の目次や索引を見れば、語彙・文型・文法が第何課で初登場したのかが分かります。

［ステップ8］　各活動の詳細の決定

　「各活動で何を行うのか」「ステップ3と4で考えた時間配分は適切か」「その活動の中で、学習者・教師は何をするのか」「留意すべき点は何なのか」等の、細かい点にまで注意を払って決めましょう。このステップ8で、教案を最初から最後まで、書き上げてみましょう。教師／学習者の言動を予測した「脚本（シナリオ）書き」も忘れずに。

［ステップ9］　見直し

　「各活動に未習の語彙・文型・文法が紛れ込んでいないか」「指示は明確か／不明瞭なところはないか」「授業が制限時間内に終わりそうか」「授業が静と動のバランスが取れたメリハリのあるものになっているか」等、しっかりと見直してみましょう。

［ステップ10］　時間不足／余剰等への対処
　　「時間が足りなくなってきた時に、省略できる教室活動」「時間が
　　余った時に、使用する教室活動」を考えて、教案に書き足しま
　　しょう。また、「教室外活動（宿題を課したり回収したりする場
　　合）」も忘れずに書いておきましょう。

　これだけのプロセスを経て教案を書き上げるためには、かなりの時間と
エネルギーが必要です。しかしながら、教案作成がいい授業を実現するた
めの大きな力となるのも事実です。この点に関して、横溝・坂本（2016:
7）は、以下のように述べています。

　　　教案を作成する段階で教師は、様々な場面・状況を想像・熟考する
　　作業に真剣に従事します。この経験が、授業中に起こる想定外の出来
　　事への対処に役立つだけでなく、教師に安心感を与えてくれるからで
　　す。教案作成は、いろいろな面で、教師に力を与えてくれる（empower
　　してくれる）「強い味方」です。そして、いい教案を書くことは、い
　　い授業の実現への一番の近道だとも言えるでしょう。

　作成した教案を実習生同士で共有し、見習うべき点／改善すべき点をお
互いに指摘し合う活動は、教案作成力の大きな向上につながります。私が
担当した2020年度前期の日本語教育実習（履修生9名）は、新型コロナ
ウイルスの影響で、すべての授業についてZoomを使った遠隔授業で行
いました。お互いに顔を合わせることができないため、以下のような形
で、教案作成＋相互チェック活動を行いました。

［ステップ1］　学習項目の指定と教案作成担当者の決定
　　教案を作成する学習項目を指定し、各学習項目で教案を作成する
　　担当者を決めます。例えば、こんな感じです。
　　7月9日
　　第2課：実習生A（文型＝これ／それ／あれは～です）

第 3 課：実習生 B（文型＝ここは〈場所〉〜です、〈場所・物・人〉はここです）

第 4 課：実習生 C（文型＝〜時〜分です）

［ステップ 2］　作成した教案の提出と共有

　　教案作成担当者全員が、授業日の前々日（7 月 9 日の場合は 7 月 7 日）の正午までに、実習担当教員に教案をメールで送ります。実習担当教員は、その教案を Google Classroom 上にアップロードし、他の実習生がダウンロードできるようにします。

［ステップ 3］　実習生による教案の分析

　　実習生全員が、授業の前にあらかじめ、3 名分の教案に目を通しコメントを考えます。実習生には、「未習語、未習文型はないか」「各活動のつながりはどうか」「時間の配分はどうか」等の観点で分析をした上で授業に臨むように伝えます。

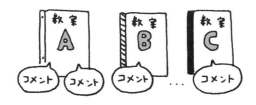

［ステップ 4］　実習生による分析結果の共有

　　Zoom を利用し、3 つの教案についての各実習生の分析結果を共有します。ブレイクアウトルームを設定し、教案担当日が同じ実習生 3 名が、同じグループ・メンバーとして入ります（グループ 1）。残りの実習生は、3〜4 名ずつに分かれてグループに入ります（グループ 2〜3）。それぞれのグループで、3 つの教案についての分析結果を 20〜30 分話し合います。担当教員は、グループ 1 に入り、教案を書いた実習生（A さん、B さん、C さん）に、教案を作成した感想、工夫した点、困難だった点などをことばにしてもらいます。それを各自メインセッションで話してもらうので、しっかりと準備しておくように伝えます。

グループ1

グループ2

グループ3

［ステップ5］　教案作成者による自己分析の共有

　　ブレイクアウトルームからメインセッションに戻ります。教案を
作成した実習生（Aさん）自身が、教案を作成した感想、困難
だった点、工夫した点、疑問点等について、数分間語ります。

Aさん

［ステップ6］　他の実習生からの教案作成者へのコメント共有

　　他の実習生が、見習いたい点・疑問点・こうすればよくなるん
じゃないかというアドバイス等を、教案作成者に伝えます。

他の実習生

［ステップ7］　実習担当教員からの教案作成者へのコメント

　　実習生同士のコメントが終了したのを見計らって、（実習生から
は出てこなかった）良かった点・疑問点・改善点と改善方法等
を、実習担当教員が教案作成者に伝えます。

担当教員

　ステップ5〜7を、Aさん→Bさん→Cさんの順に行い、授業を終了
します。翌週は別の教案作成担当者3名に対して、同様の過程で授業を
行います。この形での教案指導を行っていると、興味深い現象が現れま
す。それは、「（上掲のステップ6と7で出される）実習生のコメントや
実習担当教員のコメントを、全実習生が必死にメモを取っている」という
光景です。実習生のコメントの場合は、ブレイクアウトルームで3名で
共有した自分たちのコメントとの比較対象などが行われているようです。
実習担当教員からのコメントのメモは、「自分が次回、教案を作る時の参
考にする」という意図でなされています。このサイクルの繰り返しで、実
習生は「教案作成で気をつけなくてはならない点」を全員で共有していき
ます。同様のことが、本章で取り上げる「教壇実習」後の「フィードバッ
ク・セッション」でも生じます。

3．教材準備（分析・活用・作成）

　教材に関して重要なのが、「素晴らしく見える教材に振り回されない」
ことです。日本語教育の研修会や勉強会で出合った教材に魅了されると、
それをそのまま使いたい衝動に駆られます。しかしながら、自らの現場に
戻ってその通りに真似してやってみても、思ったような効果が上がらない
ことも少なくありません。

　うわべを真似するだけじゃダメだということは、教材活用にも当てはま
ります。では、教材活用に関して、どのような姿勢で臨めばよいのでしょ
うか。ここで再び参考となるのが、バックワード・デザイン（Backward
Design）です。Brown（1995: 20）は、外国語教育のカリキュラム・デ
ザインを次のような図で表しています。

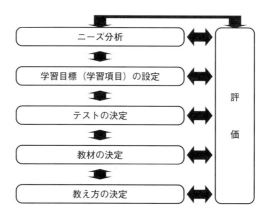

図7　バックワードによる外国語教育のカリキュラム・デザイン

　この図は、「上から下の方へプロセスを経ていくことでカリキュラムを
デザインすべきである」という姿勢を表しています（両方向の矢印になっ
ているのは、行ったり来たりを繰り返す、ということです）。バックワー
ドによるカリキュラム・デザインは、この上から下への流れで構成されて
います。すなわち、

① 学習者が何を求めているか、学習者にとって何が必要か、学習者
　　にどんな力をつけてあげたいかを考え（ニーズ分析）、
② そのニーズを満たすために、大きな学習目標を立て、その目標に
　　基づいて学習する項目を決め（学習目標の設定）、
③ その学習項目をマスターできたかどうかを決定するためのテスト
　　を作成し（テストの決定）、
④ そのテストに合格することを達成するために、必要な教材を選び
　　／作成し（教材の決定）、
⑤ その教材を最大限に活かすような教え方の工夫をする（教え方の
　　決定）

ということです。バックワードによるカリキュラム・デザインは、「市販
されている教材をなんとなく選んで、それに沿った授業を行って、授業で

カバーした部分をテストしてみる」という授業のつくり方とは大きく異なっています。このようなつくり方の大きな弱点は、「何かの目標を達成するために教材も教え方も存在すべきなのに、その目標がはっきりとしないまま教材・教え方が決定されているので、目標達成につながりにくいこと」、そして「テストは、目標が達成されたかどうかを測るために存在すべきものなのに、テストの日までに教えたことをマスターしたかどうかの測定のみに使われがちになり、目標が達成されたかどうかがチェックされにくいこと」などです（横溝・大津・柳瀬・田尻 2010: 3-4）。

　バックワードでカリキュラムをデザインする際には、教材の準備（分析・活用・作成）にあたって、「学習目標の達成に、それが必要かどうか」をまず吟味し、「（必要であるなら）どう活用すべきか」を考える、というプロセスが必要不可欠なのです。

　深澤・本田（2019: 47-48）は、「教材」を「教師がある学習項目を教える際に、それを支えるために使用する素材」と定義し、教材を「教科書」「補助教材」「教具」に分類しています。

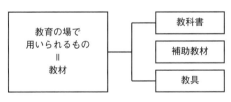

図 8　教材の分類

［教科書］
　　日本語教育の内容を体系的に、本などの形にまとめたもの。
［補助教材］
　　教科書を使用するに当たり補助的な役割を担うもの。学習者の理解をより深めるために使われる。例：タスク用シートなどのプリント類、辞書や地図などの資料類、新聞記事や番組録画などのリソース類、Web 上の e ラーニング教材、日本語能力試験用の問題集など。

［教具］

　　教育場面で使われる道具。例：文字や絵などのカード、ロールプ
　　レイで使用するロールカード、五十音図、CD・DVD など。

　教科書についてはすでに述べましたので、ここでは主に、補助教材と教
具について見ていきたいと思います。

　補助教材の中で、日本語教育実習生にとって一番身近であろう「プリン
ト」について話を進めましょう。例えば、上述の「自分の部屋の説明がで
きる」ことを最終目標とした授業で、「プレゼンの練習」をする前に「プ
レゼン内容の作文」活動を行うとします。ここでプリントを使って授業を
進めることが多いのですが、プリントにはどのような情報を載せるべきで
しょうか。

　まずは「指示」です。指示にとって一番大切なのは、「どう行動すべき
かが、学習者にすぐに分かること」（横溝 2011a: 148）です。「自分の部
屋についてのプレゼン内容の作文」の場合は、「自分の部屋を紹介しま
しょう」となるでしょう。加えて、作文の前に「プレゼンで使える文型の
導入または復習」を行っているため、「〜に…があります／います」を指
示文に加えて「『〜に…があります／います』をたくさん使って、自分の
部屋を紹介しましょう」という指示にするとよいでしょう。また、授業の
最初に行った「最後のプレゼンや文型練習／復習で出てくるであろう語彙
の導入」活動で取り上げた、語彙リストをプリント上に載せることも可能
です。

　これらを総合すると、次のようなプリントができあがります。

私のお部屋

　　　　　　　　名前：＿＿＿＿＿＿＿＿

「～に…があります／います」をたくさん使って、自分の部屋を紹介
しましょう！

（単語）テーブル、机、本棚、椅子、窓、壁、人形、時計、箱、本、
写真、カップ…。

　こういったプリントを渡された途端に、頭の働きが停止してしまう学習
者がいます。その理由の一つとして、「『伝えてみたい』という気持ちにな
らない、興味のないテーマが与えられている」ことが挙げられます。この
プリントは、たしかに指示は明快ですし、作文をするにあたって必要な情
報はたくさん載っています。ただその一方で、「何のために自分の部屋を
他の人に紹介するのか」という目的がはっきりしていません。上記のプリ
ントは「～に…があります／います」を使うための作文には使えそうです
が、それを「他の人に伝える」活動にまで発展させるには、改善の余地が
あります。

　英語教育学の中嶋洋一氏は、「教材を作成するための視点」として、「学
習者に自己責任を与えること」「活動を一つで終わらせずに、次の活動に
つなげること」「（書くことが）楽しいと思えるようにすること」という、
3つの点を挙げています（菅・中嶋・田尻 2014: 64-65）。

　これらの視点に基づいて、上掲のプリントを発展させると、次のような

ものができそうです。

私の未来のお部屋

名前：＿＿＿＿＿＿＿＿＿＿

「〜に…があります／います」をたくさん使って、＿＿年後の自分の
部屋を紹介しましょう！

＊自分の部屋を紹介する相手：恋人、親、先生、その他（　　　　　　　）
＊自分の部屋を紹介する理由：＿＿＿＿＿＿＿＿＿＿＿＿＿＿＿＿

　学習者が書き上げたプリントを各自口頭で発表してもらう代わりに、名前を伏せて「誰が書いたか当てましょう」活動をすることも可能です。この活動の場合は、学習者同士が互いの作文を読み合う必要性が生まれるでしょう。

　続けて「教具」を見てみましょう。繰り返しになりますが、教具の場合も、「学習目的の達成に、それが必要かどうか」をまず吟味し、「（必要であるなら）どう活用すべきか」を考える、というプロセスが必要です。このプロセスを適切に行うためには、それぞれの教具の特性を知る必要があります。例として、文字カードと絵カードについて考えてみます。

　「文字カード」とは、文字通り「文字が書かれたカード」のことです。小林（2019: 102-103）は、以下の文字カードの使い方を紹介しています。

・文字の導入

・板書の一部としての利用

・五十音図と併用して、動詞の活用練習

・語彙の提示・導入・練習

・ドリルのキュー

・既習項目を使ったゲームの道具

・活用形の導入・練習のためのアクセント情報つきカード

その一方で、「絵カード」は、視覚情報を学習者に与える教材で、ことばの力を借りずに、ことばが使われる状況を学習者に伝えることができる（横溝 2011a: 191）ため、文型の導入や練習でよく使われます。絵カードをドリルのキューとして使用することも可能ですが、難易度が異なっています（川口・横溝 2005b: 79）。

　例）動詞の活用で「食べる→食べて」と変える機械的ドリルの場合
　文字カード
　　「る」を「て」に変えるだけでよい。
　絵カード
　　（1）絵を見て「食べる」という単語を思い出し、
　　（2）それをテ形に変えるということが必要。

この違いが分かれば、ドリルのキューとしてカードを使用する場合、文字カードによるドリル活動の後で、絵カードを使った活動に移行する方がスムーズだろうということに実習生は気づきます。補助教材や教具を目的に合わせてうまく作成・活用できるようになるためには、それぞれの特性を実習生に把握させることが必要です。

模擬授業

『養成・研修の在り方について』では、模擬授業がこう定義されています（p.44）。

　　ここで示す「④模擬授業」とは、授業計画や教材、指導方法などの妥当性を検討することを主な目的として、受講生同士が教員役と学習者役に分かれるなどして、授業のシミュレーションを行う活動を指す。

すなわち、模擬授業とは「教育実習生同士で、先生役と学習者役を交代しながら行われる、授業のシミュレーション」を指します。また模擬授業とよく似た用語として、「マイクロ・ティーチング（Micro Teaching）」があります。二つの用語はどう違うのでしょうか。内海（2005: 867）は、マイクロ・ティーチングを以下のように説明しています。

　　マイクロティーチング（micro teaching）は、教員養成・教員訓練の手法として、1963年にアメリカのスタンフォード大学のアレン（Allen）らによって開発された。マイクロティーチングは、教師が備えるべき基礎的なスキルに焦点を合わせた訓練で、教育実習生、新人教師が望ましい教師行動を獲得する際に効果のある訓練方法である。

　　マイクロティーチングの手法は次のようなものである。まず、教授活動を構成するさまざまなスキルについての効果が教えられる。次に、学生は、ベテラン教師の模範授業を実際に見たりVTRによって観察したりする。その際に教師がどのようにスキルを利用しているかに注目する。その後、学生は、教授スキルを生かしたマイクロレッスン（小規模な授業）を設計し、5人から10人程度の小集団の生徒（学生・教師が生徒役を務める場合もある）の前で授業を行い、その

ようすをビデオで録画する。録画したものを視聴して、授業スキルを生かしているかどうか、好ましくない行動をどう改善するかをチューターあるいは学生同士で討議する。そして、再度授業を行って教授活動を分析することで、授業スキルの向上をはかる方法である。

　教授行動における典型的なスキルとしては、「構えをつくる」「刺激を変化させる」「まとめる」「質問法（頻繁に、高度な、拡散的な、など)」「実例を使う」「教育メディアの使用法」などが挙げられる。

　この説明によると、マイクロ・ティーチングとは「教師が備えるべき基礎的なスキルを、お互いに教え合うことで身につけていこうとする、模擬授業の一タイプ」のような位置づけです。加えて、「教師には身につけるべき基礎スキルがある」、そして「それを一つ一つ身につけることが、授業力の向上につながる」という前提があるようです。この点について、Allwright（1999: 284）は、以下のように述べています。

　この教育実習の形態は1960年代にアメリカで考案され、制限を加えながら教職志望者に特定の指導技術をひとつ1つ練習させるものである。マイクロ・ティーチングは、指導全体を個々の観察可能な指導技術に分解するという時流に沿ったものであった。それによって、教職志望者は各指導技術を個々に練習できるのである。マイクロ・ティーチングの典型的な方法では、1つの指導技術と1つの指導事項のみに焦点を絞り、教職志望者に5分以内の授業を準備させ、他の教職志望者が生徒役をつとめる。マイクロ・ティーチングは、その後、能力重視の教師教育という概念に発展していった。

　このように個々の教育技術を一つ一つ確実に身につけるためのシステムとして導入・発展したマイクロ・ティーチングですが、日本語教育の分野ではどうなのでしょうか。関（2009: 41-42）は、以下のように記しています。

日本にMT（マイクロ・ティーチング）が導入され、実施されたのは1970年代のことであるが、そのときは工業系教員養成のための1つの方法として使われていたようだ。その後、社会、数学、国語、音楽など多教科にわたる教員養成のため、或いは医学の分野での教員養成のためにMTが試行されるようになった。現在、日本語教育の実践訓練にMTを取り入れている機関は、残念ながら多くはない。また実施されていても、開発された当時の形ではなく、各機関独自の方法と呼ぶべきものが多い。スタンフォードのMTは視点が「技術」におかれているが、現在の教師養成にはそれだけでは充分ではないこともあり、MTの方式を取り入れた実習を行いつつ、指導教師の考える必要な要素を随所に入れ込んだものになっているようだ。育成する教師がどのような教育機関に行き、何を求められているのかによって、MTをどこに活かしていけばよいかを考えることが大切なのではないかと考える。

　これを読むと、日本語教育分野での、マイクロ・ティーチングという用語の位置づけが分かります。もともとの「授業に必要不可欠な指導技術の獲得をめざす」という目標から発展し、各教育機関独自の方法が採用されてきたために、文化審議会国語分科会が「模擬授業」と定義した「教育実習生同士で、先生役と学習者役を交代しながら行われる、授業のシミュレーション」とほぼ同じ意味で使用されていると理解してよさそうです。

　模擬授業を行った後は、授業者に他の実習生がコメントする「フィードバック・セッション」を設けます。私は以下のような流れで進めています。

（1）授業担当者による、自らの気づきの全体共有
（2）他の実習生からの質問やコメント
（3）担当教員の気づき・質問・感想・アドバイス

　この（2）の段階で求められるのが「Non-evaluative な態度」（川口・横溝 2005a: 94）です。教育という仕事自体に「評価」がつきものです

ので、「○○はよかった、△△はよくなかった」という判断を、実習生は伝えたがる傾向にありますが、それを言われた授業者にとっては「何でそれがよかったのか」をイメージすることが難しいようです。これを避けるために、河野・小河原（2006: 198-199）は、「印象や感想ではなく、具体的なことばにして伝える」ことを勧めています。「授業者の言動を具体的に言語化し、その影響を伝える」ことができれば、授業者にとって非常に重要な情報となります。例えば、こんな感じです。

［悪い例］
　　アイコンタクトがよかったです。
［よい例］
　　全体を見ているだけじゃなくて、一人ひとりと目がしっかり合っていました。私が答えている時に、しっかり見てくれていたので、頑張ろうという気になりました。

［悪い例］
　　アイコンタクトがよくなかったです。
［よい例］
　　私が回答している時に、次に使う教材の方に目が行っていて、私とは目がほとんど合いませんでした。ちょっと寂しい気持ちになりました。

　いかがでしょうか。授業担当者は自分の授業に一生懸命ですので、自分自身をメタ的に観ることは、特に実習生の場合は困難です。他の実習生から「自分では気づかなかった言動」と「それが学習者にどのような影響を与えるのか」を伝えられると、模擬授業での学びはとても大きくなります。このことはもちろん、次の教壇実習後のフィードバック・セッションでも同様です。模擬授業の段階で、上記のようなフィードバック・セッションができるようになっていれば、教壇実習に向けて、とても大きな力になるでしょう。

E

教壇実習

『養成・研修の在り方について』では、教壇実習がこう定義されています（p.44）。

> 「⑤教壇実習」とは、現実の日本語学習者に対して、その学習・教育の効果を狙って、実際に指導を行う活動を指す。

以下の文言も付加されています（p.45）。

> 教壇実習においては、可能な限り日本語を母語としない者を対象として指導を行うべきであり、現に日本語を学習している者を対象に行うことができれば更によい。

また、指導形態についても触れています（p.45）。

> 指導形態については、クラス形態や少人数でのグループ指導、個別指導など多様な形態に対して機会が与えられることが望ましいが、法務省告示日本語教育機関における教員の要件を満たす研修を想定する場合には、5〜20名規模のクラス形態での教壇実習を経験させることが重要である。

これらを総合すると、教壇実習のあるべき姿に関して、以下のような提唱がなされているように思えます。

- 日本語力向上をめざして学んでいる（外国人）学習者を対象にすべき。
- 色々な指導形態を体験できるといいが、5〜20名のクラスでの授

業を推奨する。

　初めて教壇実習に臨む時、教育実習生はどのような気持ちになるのでしょうか。私が大学4年生で英語の教育実習生だった時のエピソードがあります。ちょうどその頃、スティーブン・スピルバーグ制作の「E.T.」が流行っていました。何度も繰り返し映画を観ていて、「E.T.」を英語の授業に取り入れたいという気持ちが強くなった私は、E.T. が自分の故郷である惑星を指さして「home」と言うシーンに注目しました。E.T. のhome の発音は、語頭の［h］の音が特徴的だったので、その物真似を授業中にしようと企んだのです。しかしながら、授業中「home」と言おうとした時に、45人の90の瞳が一斉にこちらを見つめていることに気づき、急に声がまったく出なくなりました。その沈黙状態が数分続き、実習生担当の先生も困り切った顔をしていました。おもしろそうなことにチャレンジしたものの、見事に撃沈してしまったというわけです。

　こんな私ですので、初めて教壇実習に臨む実習生の気持ちがとても気になります。これまでの実習生に聞いてみたところ、こんな気持ちを抱えていたそうです。

　　・自分の日本語が通じなかったら、どうしよう…。
　　・答えられない質問が出てきたら、どうしよう…。
　　・時間が余ったら／足りなくなったら、どうしよう…。
　　・しっかり準備はしてきたつもりだけど、十分だったのかな…。

　やはり大きな「不安」を抱えているようです。不安を抱えた人に対して、「大丈夫！何とかなるから！」と言うのは簡単ですが、それで不安が消え去ることはあまりないように思います。そんなことを考えていた時、ある先生から届いたメールに、こんなことが書いてありました。

　　授業は教師も生徒も同時に勝利者になれる。
　　その気になれば、こんな楽しいことはない。

大きなエールをいただいたように思いました。それ以降、初めて教壇実習に向かう教育実習生に、私はこんなことばをかけるようにしています。

　これから皆さんが授業をする日本語学習者は、皆さんの「敵」ではありませんよ。「敵」ではなくて、何だと思います？「敵」ではなくて、一緒に授業をつくっていく「仲間」だと思ってください。

　このことばで一気に不安が解消されるわけではありませんが、実際に授業を行っていく中で、日本語学習者に助けられる体験をした時に、「ああ、これが『仲間』ということか」という感想を持つ実習生は少なくないようです。
　教壇実習後の「フィードバック・セッション」は、模擬授業の時と基本的には同じで、以下のような流れです。

　（1）授業担当者による、自らの気づきの全体共有
　（2）他の実習生からの質問やコメント
　（3）担当教員の気づき・質問・感想・アドバイス

　模擬授業や教壇実習を何度も行い、そのたびにフィードバック・セッションを重ねていくと、おもしろい現象が生じてきます。「実習生同士で伝え合う気づきやコメントの質が、どんどん向上していく」という現象です。それはおそらく、授業者に対して他の実習生や担当教員から与えられる質問・コメント・感想・アドバイスを、授業者以外の各実習生が「自分のこと」として捉えて、自分自身の授業の向上に活かそうとしているからではないかと思います。その証拠に、実習生は、自分以外の授業者に対する質問・コメント・感想・アドバイスを、必死にメモしています。その成果か、毎年行っている教育実習で、教壇実習がクライマックスにかかる頃になると、私が伝えたいことの8割以上は、実習生に言われてしまいます。「気づける」ことと「できる」ことは同じではありませんが、「気づける」能力の向上は、必ず授業力向上につながると、私は信じています。

F

教育実習全体のふり返り

　どの分野でもそうなのですが、自らがめざす「目標」を把握すること
と、その目標に到達するまでの「学びのプロセス」を把握することはとて
も重要です。日本語教育分野の場合、前者は「どのような日本語教師をめ
ざすのか」、または「どのような日本語授業をしたいのか」となるでしょ
う。これを各実習生に認識してもらうために、私は「私の日本語教育哲
学」というレポート課題を出しています。出すタイミングは、通年で開講
される「日本語教育実習」の前期の授業が終わる頃です。課題と実習生
Aさんが提出した「私の日本語教育哲学」を、以下に記します。

［私の日本語教育哲学］

［課題］

　　先輩（日本語教育実習を履修した学生）の例を参考に、「自分が日本語
　　を教えるにあたって、とても重要だと思っていること」と、その理由
　　を書いてください。『成長する教師のための日本語教育ガイドブック
　　上巻』の、8〜13 ページも参考になります。具体的で分かりやすい記
　　述を心掛けてください（記述形式は自由）。

［実習生Aさんの日本語教育哲学］

　　私は大学で日本語の授業を受けるようになってから、教師の立場から
　　考えることが多くなった。また、講義ではただ学習者として授業を受け
　　るのではなく、学習者にとってどういった授業が良いのかを考えるよう
　　になった。これまで教師と学習者の双方から考えてみて、私が日本語を
　　教えるにあたって、とても重要だと思うことは大きく分けて2つある。
　　　1つ目は「学習者のモチベーションを保つ」ということ。どの言語で
　　も言語学習において「モチベーションを保つ」ということは大切なこと
　　であるが、とても難しいことでもあると思う。なぜなら、言語は頑張っ

て勉強してもすぐに結果が見えるものではないからだ。なかなかうまく話せるようにならない、結果が見えないという中でモチベーションを保ち、勉強し続けるのは簡単なことではないと思う。そこでいかに教師が学習者のモチベーションを上げ、保つことができるような授業を行えるかがとても重要だと考える。例えばそのための一つの方法として、常に目標を持たせるのもいいと思う。無理な目標ではなく、小さな目標を常に持たせ、達成すればまた小さな目標を立てる。無理な目標でなければ頑張ることができるし、めざすところが明確であることが大切だと思う。

　2つ目は「学習者からの信頼」である。当たり前のようであり、日本語に限ったことではないが、「信頼」はとても重要だと思う。日本語教師をする上で、学習者からの信頼を得るために、私が大切だと思うことが3つある。まず1つ目は知識量だ。日本語の教え方や文法などはもちろんだが、日本の文化や政治、経済、アニメなど、日本についての質問にさまざまな角度から答えられるようにしたい。そのためには、日常生活の中からいろいろなことに好奇心を持ち、分からないことがあればすぐに調べることが大切である。2つ目は教師の熱意だ。学習者は教師の態度や姿勢に敏感である。この先生は私たちのことを真剣に考えてくれている、と感じられれば学習者も自然とその授業に興味を持ち、真剣に聞いてくれるようになると思う。3つ目は「メリハリ」である。これは私が高校生の時に信頼を得るために大切だと感じたことだ。私は高校生の時ある先輩からよく怒られていたが、その先輩は怒った後に必ずなぜ怒ったのかを説明し、その後はいつも通りに接してくれ、応援してくれていた。怒らない優しい先輩もいたが、卒業後も私の中で存在が大きかったのはよく怒られていた先輩の方だった。私はずっと、相手に優しくすることだけが一番だと思い、怒ることを避けていた。ただ感情に任せただけの怒りはダメだが、相手のことを思いやった怒りは信頼を得るために大切なことだと思う。もちろん授業の中で大切となるメリハリは怒ることに関してだけではなく、真剣にする時はするなど他にもたくさんある。

日本語を教える上で大切だと思うことはそれぞれ違うと思うが、今の私が大切にしたいと思うことは以上の2つである。

　「私の日本語教育哲学」で自分の目標を認識した後は、「自分の学びのプロセス」を明らかにすることが必要です。日本語教育実習を通して、どのように自分が成長したのかをふり返ります。私が現在担当している日本語教育実習は、通年（つまり前期と後期）で開講されていますので、前期終了時と後期終了時に、それぞれ「学びの軌跡」レポートを書いてもらっています。そして、日本語教員養成課程の最終段階である日本語教育実習が終了したのですから、「3年間の日本語教員養成課程を通しての学びの軌跡」レポートを最後に書いてもらっています。それぞれ、レポートの課題と、実習生Aさん（上掲の日本語教育哲学を提出した実習生と同一人物です）の書いたレポートを以下に載せます。

　お読みになれば、実践とふり返りを継続することで実習生がどんどん成長していっていることがお分かりになると思います。計画的なレポート提出課題の設定が、実習生の成長に大きく貢献すると私は思っています。

［前期レポート］

［課題］

今学期の体験をふり返り、自らの変容を分析し、これからの抱負を記す
　今学期はこれまで、中国からの留学生への日本語授業（音声指導・ロールプレイ）を通して、さまざまな体験をしてきました。あなた自身は、これらの体験を通して、どのように変容してきたと思いますか？そして、後期の授業に向けて、どのように変容していきたいと思っていますか？それらについて、分かりやすく記しなさい（記述形式は自由）。

ポイント

1. 今学期の体験は、新たなことの連続だったと思います。初めて体験した時の、戸惑いや困惑を思い出しましょう。それに慣れていくプ

ロセスで、どのような意識変化、そして言動の変化がありましたか？
これらのことを具体的にピックアップしていくところから始めると
いいでしょう。

2．授業の準備・本番・反省会では、どのような苦しみがありましたか？
また、嬉しかったこと・進歩したなあと思えることがありましたか？
教壇実習までの準備を思い出し、そして実際の授業を DVD でふり
返ってみましょう。

3．大切なことは、「成長をしている自分自身を、ちょっと離れた目で意
識しようとすること」です。自分の変容を具体的に記すことによっ
て、意識化が始まります。そして、自分の現在地点が意識できたら、
「次はこうやりたい！」という思いが出てくることと思います。それ
が「これからの抱負」です。

［実習生 A さんの前期レポート］

　私は前期実習を行う中で、「授業のあり方」についてより深く考える
ようになりました。実習が始まる前は、どういった授業が学習者にとっ
て良い授業なのか、これまで自分が受けてきた授業の中で、おもしろい
と思った授業や印象に残っている授業にはどんな共通点があるのか、な
どさまざまなことを考えましたが、考えもまとまらず、授業を想像しよ
うとしてもなかなか想像できず、不安だけが募るばかりでした。

　1 回目の授業ではロールプレイを担当し、準備では少しでも不安要素
をなくそうと思い、1 つ 1 つの説明からつなぎのことばまで細かく考え
ていましたが、ほんの少しの説明も、この説明でちゃんと学習者に伝わ
るのか、もっと分かりやすい説明があるんじゃないかと悩むばかりでど
んどん時間だけが過ぎていきました。また、2 年生で行った 10～15 分
の授業で、イメージはできていても実際やってみるとその通りにできな
いという反省点があったので、今回はリハーサルをしっかりしようと思
いました。リハーサルをやってみると、文字カードを貼る位置やタイミ
ングなどうまくいかないところがたくさん出てきたので、改めてリハー
サルの大切さを感じました。本番では、緊張して考えていた説明もうま

くできなかったり、冷静に考えれば普通に出てくることばも出てこなかったり、心の焦りがかなりありました。フィードバックでは「今」と「最近」の違いがうまく説明できずに戸惑い、その場で出てきた間違いを正しく分かりやすく説明しなければいけないフィードバックの難しさを実感しました。また、私は焦ったり戸惑ったりした時もですが、少しでも不安なことがあると、すぐ友だちに「あってる?」「これで大丈夫?」と気持ちを誤魔化すために聞いてしまっていたので、そこは直したいと思いました。

　1回目の授業を終えて授業を作る難しさを実感し、授業をする前とは違った不安がたくさん出てきましたが、ある講義を受けていた時に、「なでる」ということばが出てきて、そこから友人と「なでる」と「さする」はどう違うのか、また「こする」との違いは何なのかという話になりました。今まではあまり深く考えていなかったことですが、実習が始まって、普段から日本語の意味について考えるようになりました。

　2回目の授業では音声を担当し、準備では1回目よりも余裕を持ってスムーズに、とはいかず、1回目同様1つの説明を考えるのにとても時間がかかりました。教科書をそのまますればいいというわけではないので、教科書をもとにどう発展させるかを考えるのも難しかったです。また音声での準備で一番苦労したのは、イントネーションの練習です。普段正しいと思って言っていたイントネーションが違うこともあり、正しいイントネーションに直すのは難しく、日本語を教えることの大変さをさらに実感しました。本番のはじめに「いっぱい」のイントネーションを説明する場面がありましたが、始める直前まで練習していたにも関わらず、説明の時には正しいイントネーションが分からなくなりました。イントネーションが分からなくなることはあまりないと思っていましたが、実際に授業をしてみるとどれが正しいイントネーションなのかまったく分からなくなったので、音声を教えるのはとても大変だと思いました。また、普通の文を質問の形に変えてもらう練習をした後に、私が「次、84ページ開いてください」と言うと、学習者Bさんから「え?84ページ?」と言われましたが、ただ笑うだけで何と言っていいか分

からず反応できませんでした。学習者はいつどんなことを聞いてくるか分からないということを実感し、今回の学習者は中国からの留学生2人でしたが、人数が増えるほど思ってもみない質問がたくさん出てくるんだろうなということを考えさせられ、とても恐ろしいなと思いました。1回目の授業と比べて、気持ちに余裕を持てたということはありませんが、授業をするたびに新しい課題が見え、怖さ不安が募る半面、どうしたら学習者が理解しやすいか考えることがより楽しくなりました。

　3回目の授業では音声とロールプレイ両方を行い、準備では1回目、2回目の時と比べて、グループ内でお互いにここはこうした方がいいんじゃないか、という意見がたくさん出るようになりました。音声の授業では、自分が間違ったイントネーションで言っていたことに反省会で指摘されるまで気づかず、実際に授業をしてみて初めて分かることがたくさんあるということを実感しました。

　すべての授業を終えてはじめに感じたことは、実際に授業を考え、行うこともももちろん大事ですが、その後にどこが良くて悪かったのかしっかりと話し合い、自分を外から見てみるということが一番大切なのではないかということです。反省会のたびに、自分の授業を見るのも見られるのも嫌でしたが、授業をしている時は授業で精一杯で、改めて見直すことで気づく点がたくさんあるので、多くのことを吸収するためには、ゆっくりと自分を分析し、いろいろな人から意見や指摘をもらうことが一番だと思いました。また、他のグループの授業を見ることで自分にはない考え方を見つけられるので、他の人の授業を見ることも大切だと思いました。

　このレポートを書くにあたって授業を見直してみると、自分ではできているつもりのことができていないところがよく見えました。ビデオを見て一番に思ったのは表情が暗いということです。3回目の授業では少し柔らかくなりましたが、表情から緊張が伝わっていました。また、これはすべての授業を通してですが、笑顔が引きつっているように見えたので、全体的に表情は私の大きな課題だと思いました。2年生の時のビデオと比べると、ことばの一言目ははっきり出るようになったと思いま

したが、動揺した時にはだんだん声が小さくなり、不安な気持ちが丸見えでした。教師から不安な気持ちが丸見えだと学習者に悪い影響を与えてしまうので堂々とできるようにしたいと思いました。今回は留学生Bさんの方がよく質問をし、意見をはっきり言っていたので、毎授業、見るのが偏らないようにというのは意識していましたが、ビデオを見返すと話している時はどうしてもBさんの方を見がちだったということに気づきました。前期の実習では、授業をするのが精一杯で2人を気にかけられていないところもあり、学習者であるBさんとCさんの2人に助けられてしまっていた場面が多かった気がします。

実習が始まる前は、何も分からずただ不安な気持ちだけがあり、1回目を終えて授業の難しさを実感し不安になり、2回目を終えると不安が募ると同時に、自分が教えたことに対してなるほどと理解してくれた時の嬉しさも大きくなっていきました。すべての授業を終えてからは本当に自分に教師ができるのかという大きな不安も感じながら、日本語を教える楽しさを感じられるようになりました。また、どうしたら学習者が理解しやすいかを考えれば考えるほど、正解が分からずにもどかしい気持ちになるばかりでした。

後期の実習では、前期と人数も国も違います。私は自分の意見を主張することも人前で話すことも得意ではないので、まずははきはきと話すこと、自分の意見を怖がらずに伝えることを普段から意識しておきたいと思います。前期の実習のビデオを見て、表情は思っていたよりも学習者や授業の雰囲気に大きく影響するんだなと思ったので、表情も私の大きな課題の一つです。

後期の実習に向けて今は大きな不安しかありませんが、自分が楽しまなければいい授業も楽しい授業もできないと思いますし、今は何もない状況に近いからこそ吸収できることがたくさんあると思うので、そういったことも含めて楽しむことを忘れないようにしたいです。また、少しでも不安な気持ちを消せるように、"もうやることがない"くらいの準備を心掛けようと思います。日本語の授業に関してはもちろんですが、実習を通して人としてもさらにステップアップできるように頑張り

たいと思います。

［後期レポート］

［課題］

今学期の体験をふり返り、自らの変容を分析し、これからの抱負を記す
　先学期は、中国からの留学生への日本語授業（主に発音指導とロール
プレイ）をしました。今学期は、教案作成、教材準備、マイクロ・
ティーチング、K 日本語学校での日本語授業見学、教壇実習と、さま
ざまな体験をしてきました。あなた自身は、これらの体験を通して、
どのように変容してきたと思いますか？そして、もし今後、日本語を
教える立場になったとしたら、どのように変容していきたいと思って
いますか？それらについて、分かりやすく記しなさい（記述形式は自
由）。

ポイント

1．まずは、先学期の終わりに書いたレポートと「私の日本語教育哲学」
　を読み返しましょう。あの頃感じたことと、現在の皆さんが感じて
　いることを比較して、共通点と相違点を見つけましょう。
2．今学期の体験は、新たなことの連続だったと思います。初めて体験
　した時の、戸惑いや困惑を思い出しましょう。それに慣れていくプ
　ロセスで、どのような意識変化、そして言動の変化がありましたか？
　これらのことを具体的にピックアップしてみましょう。
3．今学期の最後の段階で行われた「教案作成」「教材準備」「マイクロ・
　ティーチング」「K 日本語学校での教壇実習」では、どのような苦し
　みがありましたか？また、嬉しかったこと・進歩したなあと思える
　ことがありましたか？プロセスを思い出し、そして**実際の授業を
　DVD で何度も観て**、振り返ってみましょう。
4．大切なことは、「成長をしている自分自身を、ちょっと離れた目で意
　識しようとすること」です。自分の変容を具体的に記すことによっ
　て、意識化が始まります。そして、自分の現在地点が意識できたら、

「次はこうやりたい！」という思いが出てくることと思います。それが「これからの抱負」です。

［実習生 A さんの後期レポート］

　今学期は先学期と違って、約 20 人のさまざまな国の学習者に対して自分一人で授業をしましたが、先学期と同様にさまざまなことを感じ、学ぶことができました。授業をする前の気持ちとしては、先学期は、留学生に授業をすることに対して「うまくできるだろうか」という不安や緊張が強く、授業をすることに対して「楽しみ」という気持ちはあまりありませんでした。今学期ももちろん不安や緊張はありましたが、「楽しみ」という気持ちが先学期に比べて強かった気がします。授業を終えてからの気持ちとしては、先学期は「もっとはきはき、堂々としたかったな」というような少し悔しい気持ちが強かったですが、今学期は「もう少しできたかな」と思うこともありましたが、「楽しかった」という気持ちがとても強く、実習が終わってしまうのが少し寂しく感じたりもしました。

　今学期の実習では、実習前に実際に実習先に行きプロの先生の授業風景を見ることができました。私自身、日本語学校に行くのは初めてで学校や授業中の雰囲気を感じ、プロの先生の授業の仕方を見ることができたことはとてもいい経験になりました。実際にプロの先生の授業を見て三つ感じたことがありました。

　一つ目は、授業を進めるテンポが私の想像していたよりも速いなと感じました。初級のクラスだったので、説明や授業の進め方はゆっくりしているのかなと思いましたが、自然なスピードで説明を行い、無駄がなくスムーズに授業が進んでいるように感じました。課題を早く終えた学習者には、その課題をチェックし次のプリントを配っていたので、全員で一斉に答え合わせをするよりも時間を省け、課題を早く終えた学習者にも無駄な時間を与えないのでとてもいいなと思いました。

　二つ目は、授業中の学習者の発言に対して「いいですね〜」「素晴らしいですね」など、褒めのことばが多かったことと、学習者の発言に反

応してあげていたことです。褒めのことばがあることで、学習者も自信を持って発言をすることができ、自分の発言に対して教師が反応してくれると、より学習意欲が高まるのではないかと私は思いました。また、あまり積極的に発言をしない学習者でも、褒めのことばや自分の発言に対する教師の反応があることで、発言しやすい環境になるのではないかと思います。褒めのことばや学習者の発言に対する反応は大事にしていきたいなと、先生の授業を見学して感じました。

　三つ目は、学習者の誤った発言や発音はしっかり訂正していることです。先学期に行った中国人留学生への授業で、学習者の誤りをどのように訂正していいのか分からずスルーしてしまうことがありました。ですが、先生は学習者の誤りにすぐに気づき、すぐに訂正していたのでそこも１つ勉強になりました。

　授業見学をした後から、いよいよ実習に向けての準備が始まりました。一回目の授業の教案作成では、説明の仕方や学習者がまだ学習していないことばや単語を調べること、時間配分などとても迷い悩みました。「一度教案を書き終えると、先生に添削してもらい、手直しをする」の繰り返しで、なかなかスムーズに進まず、とてもきつかったです。教材準備では、どの教材を使うか、どれくらいの大きさの文字で書くか、イラストがあった方がいいのか、などたくさんの戸惑いがありました。教案作成を進める際に１番心掛けたのは、「教師の活動」「学習者の活動」「留意点」を一連の流れで書くことです。一連の流れで書くことで分かりやすく、見やすい教案になるのではないかと思ったからです。教案作成、教材準備、リハーサルを終え、ついに迎えた一回目の授業では、大きな声で堂々と話すことだけを目標に教壇に立ちました。授業を始めてみると「やらなければいけない！！」という気持ちになり、自分が思っていたよりも大きな声で堂々と授業ができた気がしました。しかし、授業を終えてみると、文字カードを使用する時の、文字カードを持つ位置が見えにくい位置だったこと、学習者とのアイコンタクトがあまりできていなかったこと、「オッケーです！」が口ぐせになっていること、会話文を読む際にもっと気持ちを込めて読むべきであることなど、

たくさんの問題点があることに気づきました。目標であった、大きな声で堂々と授業をすることはできましたが、まだまだ改善するべきところがあったので、少し悔しい気持ちがありました。

　二回目の授業では、一回目授業の教案作成に比べるとスムーズに進めることができた気がしますが、指名する学習者の人数や、タイミングを決めるのに時間がかかりました。教材準備では、会話文をすべて模造紙に書いたので、その作業がとても大変できつかったです。実際の授業では、前回の授業の反省にあった「オッケーです！」を言わないことと、アイコンタクトを積極的にとること、会話文を正しいイントネーションで読むことを目標にしました。実際に授業では、一回目と同様に、大きな声で堂々とスタートすることができたと思います。教案作成の際に悩んだ「指名する学習者の人数」やタイミングは、授業の進み具合いでうまく調整しながらできました。しかし、会話文を誤ったイントネーションで読んでしまったところがありました。また、会話文を書いた模造紙を貼ったりとったりする際の無駄な時間があったり、アイコンタクトをもっととれたかなという反省点がありました。会話文のイントネーションは、CDを聞いて練習をしましたが、練習が足りなかったのかなと思いました。また、ただ練習するだけでなく、気持ちを入れて読むことや、自分の間違いやすい部分を把握することがとても大事だと思いました。二回目の授業ではグループに分かれてフリートークをする時間がありましたが、授業とは違って話す内容が自由なので伝わらないことばを使ってしまったり、自分の言いたいことが学習者にうまく伝わらなかったりすることが多くありました。しかし、学習者が積極的に質問してきてくれたり、学習した日本語を積極的に使おうとする姿がとても嬉しくて、とても楽しい時間でした。二回目の授業はうまくできた部分もあれば、もっと練習が必要だと気づいたところもあったので、三回目の授業に活かしたい！という前向きな気持ちで終えることができました。

　三回目の授業では、三回目ということもあり少し余裕ができたのか、教案作成に取り掛かるのが少し遅かったですが、一回目、二回目の時よりも、スムーズに教案作成を進めることができました。教材作成もどの

くらいの文字の大きさで書くのか、どの教材が必要なのか、などが分かってきて、スムーズに行うことができました。授業では、あまり緊張することもなく「楽しみ」という気持ちが強くありました。授業を進める中で、学習者とのアイコンタクトや、学習者の理解度を見て授業を進めること、学習者が理解できているかどうか把握することを意識できました。三回目の授業も、もっと違うやり方があったかな、もっとこうできたかなと思う部分はありましたが、授業を楽しみながらできている自分を知ることができたので、自分自身の大きな成長を実感できた授業でした。

　今回、K日本語学校での実習をしてみて、授業前の準備では何を気をつけるべきなのか、何を準備するべきなのか、自分に足りないところは何なのか、自分の理想としている授業はどういう授業なのかなど、とてもたくさんのことを考え、学ぶことができました。私は人前に立つことや人前で話すことが苦手で、この実習を通して度胸をつけたいと思っていました。実習を終えてみて、学習者の前に立って授業をすると、やはり緊張すると思います。しかし、学習者が理解してくれたり、積極的に授業に参加してくれたりするのを体験して、どんどん授業をすることが楽しみになっていきました。このことを考えると、今回の実習で、自分自身とても成長することができたと思います。と同時に、「楽しみ」という気持ちが持てたのは、教案作成や教材準備などの授業前の準備を細かく丁寧にしたことも関係しているのではないかとも思っています。授業だけでなく、どんなことでも事前の準備を大切に入念にしていきたいと、実習を通して感じました。うまくできたことやうまくできなかったこと、どちらもありましたが、今回の実習は私にとってとても大きな経験でした。将来、日本語教師になるかはまだ決めていませんが、今回の実習を通して日本語教師になりたいという気持ちが少し強くなりました。もし日本語教師になるとしたら、明るく楽しい授業をできるような日本語教師になりたいと思っています。そして、今回の実習で学んだことや身についた力を、これからの生活で活かしていきたいと思います。

［課題］

3年間の日本語教員養成課程をふり返り、これからの抱負を記す

後期レポートでは、「一年間の教育実習体験を通して、どのように変容してきたのか、そして、これからどのように変容していきたいのか」について記述してもらいました。この最終レポートでは、皆さんが3年間履修してきた「日本語教員養成課程」での学びをふり返り、今後その学びをどう活かしていくのか、について書いてもらいます（記述形式は自由）。

ポイント

1．これまで皆さんは、以下の必修授業を履修してきました。
　　・日本語学概論　・日本語教育方法論1　・日本語教育方法論2
　　・異文化間コミュニケーション1　・日本語教育方法論演習1
　　・日本語教育方法論演習2　・日本語教育実習
まずは、「日本語教育方法論1」「日本語教育方法論2」「異文化間コミュニケーション1」「日本語教育方法論演習2」で提出したレポート全部に、しっかりと目を通してください（「日本語教育方法論演習1」の課題は教材作成でしたので、レポートの提出はありませんでした）。そして、「日本語教育実習」で提出した「私の日本語教育哲学」「前期のレポート」「後期のレポート」にも目を通しましょう。（ご自身で探せない場合は、ご相談ください）。最後に自分が担当した授業のDVDをすべて視聴してみてください。

2．3年間で皆さんはどのように変容してきましたか。まずはブレーンストーミングをして、項目立てをしましょう。そして、できるだけ具体的に書いてください。

3．その変容を、今後にどのように活かしていきますか。日本語教師をめざす場合も、そうでない場合も、今後の抱負を「具体的に詳しく」書いてください。

4．大切なことは、これまで書いてきたレポートの時と同じで「自分自身を、ちょっと離れた目で意識しようとすること」です。今回はその意識化を、3年前に立ち返って行います。そして、自分の現在地点が再認識できたら、「次はこうやりたい！」という思いが出てくることと思います。それが「これからの抱負」です。

［実習生Aさんの最終レポート］

　私は日本語教育の授業を受けるまで、教師の立場になって考えたことがありませんでした。高校生の時にクラスの留学生に教えていた時も、「日本語教師」という日本語を教える専門の仕事があることは認識していなかったですし、私は話すことも人前に立つことも得意ではないので、教師になることはないと思っていました。大学で日本語教育の授業を受けようと決めた時も、日本語教師になるつもりはありませんでした。しかし、授業を重ねるたびに、日本語教師という仕事への興味が大きくなっていきました。

　すべての実習を終えて、これまでのレポートとDVDを見返してみると、気持ちの変化や成長した部分がよく見えたので、その時の気持ちを書き残したり、映像で残したりすることは大切だなと思いました。初めて10分〜15分の授業をした時は、見ている人は全員友だちでしたが、前に立って授業をする、ということにとても恥ずかしさがあり、前に立って"話す"ことと"授業をする"ことは違うなと思いました。DVDを見ても、表情は硬く声のトーンも一定でした。2回目の授業を見ても表情はあまり変わっておらず、声に関しては最初の第一声が小さく、聞き取りづらいところがありました。声は大きすぎても、キンキンしたような声でもダメで、学習者が聞き取りやすい声で話すことは授業を作る上でとても重要なことだと、実習授業を重ねるたびに思いました。最後のK日本語学校での実習では、第一声からはっきり、ゆっくり話すことを常に意識していたので、最初のDVDと比べると成長したと感じましたが、自信がないところだと声が小さくなることもあったので、そこは気をつけたいと思いました。表情は3年生の前期に行った

授業でも苦労しましたが、「表情は暗いけど声は大きい」人や「表情は豊かだけど声は小さい」人は想像しにくい、ということを頭に入れて最後の教壇実習に入ったので、声をはっきり出すことで表情も前期よりは自然になったと思いました。しかし、表情が大きな課題であることは変わらないので、もっと表情豊かになれるように頑張ろうと思いました。

　日本語教育方法論演習Ⅱのレポートではアイコンタクトの難しさについて書いていました。私が初めて実際に授業を行った時に、特に難しさを感じたのがアイコンタクトでした。今までは学習者の立場からしか見ていなかったので、そんなに難しいとは思っていなかったのですが、実際に前に立ってみると想像以上にバランスよく一人ひとりと目を合わせるのは大変でした。はじめは人と人の間を見ていたり、黒板や教材を見たり、目が合っても先にそらしてしまったり、1人と目を合わせるのにもとても苦労していました。前期に中国からの留学生に行った授業のように少人数だとできるのですが、人数が多くなれば多くなるほど難しくなります。K日本語学校での実習授業では、フラッシュカードや前に立って説明をしている時は、1年生の時と比べると抵抗もなくなりよくなったと思いましたが、会話を読ませる時や黒板に貼っている教材を使って話す時は、まだ黒板に目が行きがちだったので、バランスよく1人1人と目を合わせられるようになりたいと思いました。そして、話している時間の半分以上は学習者を見るように心掛けようと思います。

　私は教材を作るのは好きですが、1年生の時からのレポートなどを見返すと、特に成長がよく分かりました。1番はじめの授業でフラッシュカードを作った時は、表にだけ文字を書いていたので、枚数も多く、1度使った後に次に使うカードがどこにあるのか分からず、1回1回探すのに時間がかかっていました。また、DVDでみると字が細く、K日本語学校のような20人くらいのクラスだと、後ろの人は見えないくらいの文字でした。教材の作り方一つをとっても、フラッシュカードを持つ時は下を持つので持つところに文字がかからないようにしたり、めくる時は後ろから前にめくったり、教師は常に細心の注意を払っておかなければならないということを強く感じました。日本語教育の授業を受ける

までは、教師の立場になって考えることがなくただ授業を受けていただけだったので、「こんなところにも工夫があるのか」という学びと驚きの連続でした。K日本語学校での教材準備でもできるだけ細かい部分まで気をつけるようにしましたが、同じグループの人に言われて気づくことも多かったので、改めて難しさを実感しました。しかし、1年生はじめの何も知らないところから考えると、教材の作り方に関しては成長が1番分かりやすいと思いました。

そして、K日本語学校での実習授業で私が怖いと思ったのが、アクセントとイントネーションです。3年生の前期までも難しさは感じていましたが、最後の教壇実習で自分が間違ったアクセントとイントネーションで発話すると学習者がそのまま覚えてしまうことをより痛感し、アクセントとイントネーションの重要さを感じました。アクセントとイントネーションは自分では間違っていることが分からないことが多いので、周りの人に聞いてもらったり、CDを聞いたりして、自信を持って話せるようにしようと思いました。

また、異文化間コミュニケーションの授業で学んだように、日本人の間でも異文化は生じるので、国籍や言語が違えばもっと異文化が生じます。あいづちやアイコンタクト、時間の感覚も人それぞれです。決められた時間の5分前に行くことが常識だと思っている人もいれば、準備ができていないと思って5分程度遅れていくのが常識だという人もいます。日本語教師として、ただことばを教えるだけでなくしっかりと異文化を理解し、「必ずしも自分の常識が相手の常識ではないと心に留めておくことはとても大切」ということを、3年間の授業と実習を通して実感できました。

異文化間コミュニケーションⅡの授業では「優しい日本語」について学び、日本語の奥深さを初めて知ることができました。英語やその他の言語と比べても、日本語は感情などを表すことばが豊富で、表現が豊かな言語だとあるテレビ番組で言っていましたが、この授業を受けて本当にそうだと思いました。ある海外のアーティストが木の葉からこぼれてくる陽の光という意味の日本語、「木漏れ日」ということばを知って、

"英語には同じような意味を指すことばは存在しない。自然の神秘に対する美しいことば"と言っていました。このような英語では表せない日本語があるように、他の国のことばでも表せないことばはあると思うので、そういった日本語の意味や奥深さをちゃんと伝えられるようになりたいと思いました。

　3年間の授業を通してさまざまなことを学んできましたが、実習を終えた今、私が日本語教師をめざすにあたって大切にしたいことがあります。それは「多様な学習者を理解する」ということです。中学校や高校と違い、日本語学校では国籍もことばも年齢もさまざまです。この中で1人1人の多様性とうまく向き合うことはとても大切なことだと思いました。もちろんK日本語学校のような20人程のクラスでは、授業中に1人1人にたくさんの時間をかけることはできませんが、授業以外でもサポートできることはあります。例えば、学習者個人の学習スタイルもそれぞれであり、その人にあった学習スタイルを見つけ提供することも1つだと思います。日本語の上達には母国語の影響も大きく、タイの人は日本語の「つ」という発音が難しかったり、韓国の人は文の切れ目で語尾を伸ばす特徴があったり、母国語によって苦手な部分の特徴も違います。そういった特徴をしっかりと捉え、学習者個人の勉強の手助けをする、ということも1つです。日本語教師として、学習者1人1人としっかり寄り添い、学習者の多様性に対応できるような教師になるために、これからたくさんの経験を積んで成長していければと思います。

日本語教育実習での自分の学びをふり返るためには、ふり返るための「材料」が必要不可欠です。3年間の日本語教員養成課程全体を通しての学びのふり返りとなれば、1年次、2年次、3年次それぞれの学びと成長を記録として残し、その時々に立ち返って当時の自分と対話を重ねながら、ふり返りを行うことが必要不可欠です。でなければ、「なんとなく変わった気がする」レベルのふり返りになってしまいます。

　私が現在使用している材料は、日本語教員養成課程の授業で各学生が提出してきたレポートを自分で読み返すことと、各学生の模擬授業や教壇実習などをすべて録画したDVD映像を自分自身で見返すことです。DVDですが、その日の授業がすべて終了後、すぐに1枚のDVDにまとめて焼いて、「できるだけ早く必ず観て、大切に保管しておいてくださいね！」と言いながら、各実習生に1枚ずつ渡すようにしています。

第4章

成長段階別の教師教育者の支援

日本語教師の成長を支援する教師教育者の役割は重大です。教師教育者が実習生に対して、どのようなことば掛けをすればよいのかについて、詳しく見ていきましょう。

A

成長段階別の指導の必要性

　序章で「教師は成長し続けなければならない」と力説しましたが、日本語教師はどのような過程を経て成長していくのでしょうか。教師の成長過程についてはさまざまな角度からの説明・分析が可能です。例えば、三井・丸山（1991: 62-64）は、日本語教師の成長過程仮説として、「日本語教育理解期・機関理解期」→「指導内容理解期」→「学習者理解期」→「指導発展期」の4段階を主張しています。その一方で横溝（2008a: 196-198）は、Community Language Learning（以下CLL）の理論を援用した、成長過程仮説を提唱しています。CLLとは、学習中の学習者の心の中に存在する不安や恐怖を最小限にし、学習を効果的にするために、カウンセリングの理論を採用した外国語教授法です（横溝1995, 1996, 1998a）。CLLは、目標言語における学習者のグローバルなプロフィシェンシー（外国語能力）の成長の5段階を主張しています。

第1段階：完全に教師に依存していて、教師の存在無しには目標言語が話せない。

第2段階：少しずつ自信がつき単純な文を使い始めるが、教師への依存が依然として存在する。

第3段階：自分たちだけで目標言語のみを使い会話することを望み、教師の干渉や助力を拒否する。

第4段階：教師とは独立して機能するが、教師の知識に依存しなければそれ以上の上達が困難であると認識し、教師の認知面での助力を自ら働きかけて積極的に受け入れる。また、より積極的な参画が、確認行為や教師への協力といった形で現れる場合も出てくる。

第5段階：教師から完全に独立しコミュニケーションできるが、微

妙な言語面での洗練や手直しが必要とされる場合がある。

学習者がこの5段階のどこにいるかによって、教師は学習者に対する関わり方を以下のように変えていきます。

第1段階：全面的に面倒を見る。
第2段階：援助の要請を待った上で、学習者の学習を支える。
第3段階：干渉を避け、学習者とある程度の距離を保つ。
第4段階：学習者の要請に応じて学習を支える。また学習者の積極的な参画を受け入れ授業に活かす。
第5段階：高いレベルで適切な表現が出来るよう指導する。

このように、CLL の成長の5段階モデルは「学習者の成長段階とそれに合わせた教師の役割変化」の必要性についての理論です。横溝（2008a）は、この成長モデルを応用し、「教師の成長段階とそれに合わせた教師教育者の役割変化」についての5段階の成長モデルを提唱しています。この応用モデルの中では、教師は以下のプロセスで成長すると捉えられます。

1段階：これから教師になろうとする者（Pre-service Teachers）
2段階：これから教師になろうとする者（Pre-service Teachers）
3段階：現職の教師（In-service Teachers）
4段階：現職の教師（In-service Teachers）
5段階：現職の教師（In-service Teachers）

それぞれの段階は、具体的には以下のような過程にあると考えられます。

1段階：専門分野全般にわたる知識を増やし、教えることについての理解を深める。

2 段階：自分で教え始めるが、教案作成や教材の準備に困難を覚える。

　3 段階：自分一人で教えることができる。しかしながら、（1）自分の教え方に満足し、それでいいと思う、または（2）このまま固まってしまうのは避けたいが、その方法が見つからない、という望ましくない状態にある。

　4 段階：自分から積極的に、授業の改善に取り組む。

　5 段階：完全に独り立ちして成長し続けられる。

　この成長モデルで特徴的なのは、第 3 段階、すなわち「教師という仕事をこなしてはいるが、成長し続けることに困難を覚えている段階」を設けている点です。同成長モデルは、以下のように解釈することも可能です。

　1 段階：学部生・養成講座受講生

　2 段階：教育実習生

　3 段階：一人前として認められてはいるが、（1）それ以上の成長を望まない「化石化」教師、または（2）成長を望むものの、どう成長すればいいか分からない「Teachers in Isolated Island（孤立無援の教師）」

　4 段階：自己研修型教師・内省的実践家

　5 段階：自己研修型教師・内省的実践家

　このように、この成長モデルでは、1 段階および 2 段階で、「教えることの基礎」に関わる知識と能力を獲得した者が、教師として独り立ちして教えることができるようになると考えます。その独り立ちした教師は、自分で成長し続けられる者（4 段階および 5 段階）と、成長が止まってしまっている者（3 段階）の 2 種類に分けられます。教師の成長という方向性の中で教師の育成を図ろうとする場合、この 3 段階は避けられるべき段階ということになります。換言すれば、1 → 2 → 4 → 5 という成長の

実現が理想なのです。では、それぞれの段階で、教師教育者はどのような支援を提供できるのでしょうか。

　1 段階：担当教科の様々な分野に関して情報を提供し、実際に教えるために必要な知識を増やすよう支援する。
　2 段階：実際に教えるに当たって必要とされる技能を身に付けるための支援を提供する。
　3 段階：「干渉を避け、ある程度の距離を保って待っていればいい」とは、言えない。そこで、（1）自己成長の大切さを訴える、（2）教師間のネットワークづくりに尽力する、などの形で支援する。
　4 段階：積極的に自己成長に取り組む教師に必要な支援を、要請に応じて提供する。
　5 段階：完全に独り立ちした教師に対等の立場で接する。

　このように見てくると、教師教育者が一番困難を覚えるのが3段階であることが明らかになります。私自身も教師教育者として、「自己成長の大切さを訴える」「教師間のネットワークづくりに尽力する」という、いわば間接的な支援をさまざまな形で何度も提供してきたことがありますが、これらの方法が常に効果的であったかと言うと、そこまでの自信はありません。「成長が止まってしまった（と思われる）教師をどのような形で支援すればいいのか」、これは教師教育者が直面する大きな問題の一つと考えてよいでしょう。第5章の「［初任］段階の日本語教師研修に求められるもの」で紹介する研修方法は、この問題の解決に貢献すると私は考えています。

B

教育実習生に対する指導のことば

　5段階の成長モデルの第2段階が教育実習生で、教師教育者は「実際に教えるに当たって必要とされる技能を身に付けるための支援を提供する」と述べました。ここでは、実習生に対してどのような支援をすべきか、特に教案作成・実習授業準備における教師教育者の指導のことばについて、考察していきます。なぜなら、日本語教師養成において教師教育者の果たす役割は極めて大きく、その言動の妥当性の吟味が、優れた日本語教師の輩出のためには必要不可欠だからです。

　教育実習生に対する教師教育者の指導のことばを考えるために、3つの観点を持ちたいと思います。その3つとは、

- ・いつ？（タイミング）
- ・どのぐらい？（量と頻度）
- ・どのように？（質）

です。各観点での考察を、それぞれ理論的枠組みをもって行っていきます。

1. 指導のことばの「タイミング」

　指導のことばの「いつ？」、すなわちタイミングを考える時の理論的枠組みとして、「教師学（Teacher Effectiveness Training）」および「エゴグラムと交流分析（Transaction Analysis）」を援用します。

1-1. 教師学（Teacher Effectiveness Training）

　教師学とは、アメリカの臨床心理学者トマス・ゴードンによって開発された Parent Effectiveness Training（親業）の教師版の呼称です。教師学では、相手の行動について自分がどのように感じるかを重視し、それ

を行動の四角形で整理した上で、相手の関わり方をどのようにしていくかを選択します。行動の四角形によって、実習生と教師教育者の関わり方を、以下のように整理することができます。

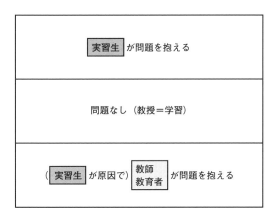

図9　行動の四角形の中の実習生と教師教育者の関わり

　この３つのうち、教師の指導可能なタイミングは、真ん中の「問題なし」領域のみで、この領域では、教師教育者が教えることが、実習生の学習になります。その上と下の領域では、まずは存在している問題を解決することが優先されるべきです。実習生が問題を抱えている場合は、能動的聞き方（Active Listening）の活用によって「（実習生の話を）しっかり聞く」という対応を、実習生が原因で教師教育者が問題を抱えている場合は、わたしメッセージ（I-Message）によって「きちんと伝える」という対応を取ります。

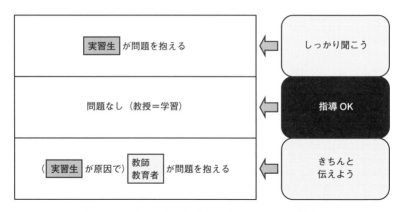

図 10　行動の四角形と教師教育者が取るべき対応

実習生が問題を抱える　　　　　　問題なし　　　　　教師教育者が問題を抱える

　このように、教師学を理論的枠組みとして考えることによって、目の前にいる実習生に「指導のことばを今かけて、効果的な指導につながるか」を吟味することが可能になります。

1-2.　エゴグラムと交流分析（Transaction Analysis）

　交流分析は、1950年代後半、アメリカの精神科医であるエリック・バーンが創案した心理療法で、「人は誰でも心の中に5つのキャラクター（自我状態）を有している」という考えに立っています。

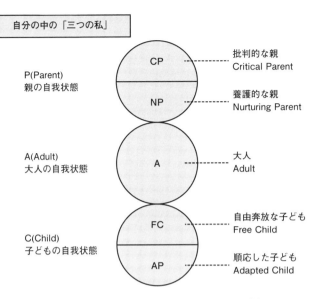

図11　心の中の5つのキャラクター（自我状態）

1．CP（Critical Parent）

　　批判的な親：厳しいけれど、正義の味方のお父さん

2．NP（Nurturing Parent）

　　養護的な親：暖かく優しいけれど、少し甘やかし気味のお母さ
　　ん

3．A（Adult）

　　大人：論理的、客観的なしっかりものの大人

4．FC（Free Child）

　　自由奔放な子ども：自由奔放でワガママだけれど、創造力のあ
　　る子ども

5．AC（Adapted Child）

　　順応した子ども：従順で協調性のある、少し引っ込み思案な子
　　ども

この5つの自我状態の強弱とバランスを、折れ線グラフで表したもの

が「エゴグラム」です。「エゴグラム」を作ることによって人の性格や行動を分析することが可能です。例えば、私自身が大学生の時のエゴグラムは、以下のようでした。

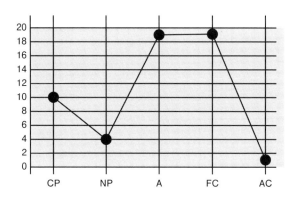

図12　筆者の大学生の頃のエゴグラム

　AとFCの高さもそうですが、NPとACがとても低い結果でした。このエゴグラムにはいろいろな解釈の仕方が可能なのですが、その中で興味深かったのが、「一番興味のあるものが、自分自身である」というものでした。教師を志していた筆者としては、「学習者への心配りに問題あり」と言われたようで、ショックだったのを覚えています。ちなみに、現在（2020年3月）の私のエゴグラムは、以下のような形をしています。

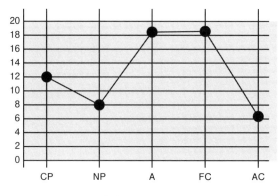

図13　筆者の現在のエゴグラム

　家庭を持って子育てをしたり、地域で子どもを育てる活動に積極的に参

加したりしてきた結果なのでしょうか、NP と AC の値が上がっています。しかしながら、他の３つに比べて、まだかなり低めの値です。このエゴグラムから、実習生の指導に際しての、私の傾向が見えてきます。

　　他人に「こうすればよい」と言われるのを好まない。
　　　　↓
　　それ故、指導に際して、「こうすればよい」という断定的なアドバイスを避け、「自分で考えてごらん」とよく言う。

　中には「断定的なアドバイス／強い指導」を望む実習生もいるはずです。そういう実習生が私の「自分で考えてごらん」ということばに戸惑う可能性があることを、教師教育者である私は心に留めておく必要があります。
　エゴグラムを理論的枠組みとして捉えると、このようなことが見えてくるのです。エゴグラム診断は、新里・水野・桂・杉田（2007）のチェックリストやインターネットの活用等によって比較的簡単に行えます。

2. 指導のことばの「量と頻度」

　指導のことばの量および頻度を考える時の理論的枠組みとして、再度「教師学（Teacher Effectiveness Training）」の援用を考えてみます。例えば、高野（2000: 87）は以下のように述べています。

　　「問題なし領域」にあるならば、相手に対して存分にかかわれます。（中略）命令・指示も、注意も、解決策の提案も、理詰めで話すことも可能です。生徒の状態は受け入れられる気持ちになっていますので、それでも大丈夫なのです。

　このように「教師学」は、指導のことばのタイミングについては言及しているのですが、その量や頻度についての言及は特に見られません。私自身は「何度も同じことを言われる」「長い間指導され続ける」ことには、

自分自身の体験からも肯定的な気持ちを持っていません。それ故、適度な量や頻度があるはずだと考えています。しかしながら、指導のことばの適度な量や頻度に特化した理論的枠組みは、今のところなかなか見つからないのが現状です。

では、なぜ指導のことばの量や頻度に特化した理論的枠組みが見つからないのでしょうか。それはきっと、適切な量や頻度は、他の2つの観点「いつ？（タイミング）」と「どのように？（質）」と密接な関係にあるからではないかと考えます。「何度も同じことを言われることがイヤ」「長い間指導され続けることがイヤ」なのは、「タイミングが悪い／質の低い指導のことばを提供し続けていることが否定的に受け止められている」と解釈できそうです。そこで、指導のことばの量や頻度に特化した理論的枠組み探しはここまでにして、次の「どのように？（質）」に移りたいと思います。

3. 指導のことばの「質」

指導のことばの質を考える際の理論的枠組みとして、「コーチングとティーチング」および「ソーシャル・スタイル理論」「メンタリング」を援用します。

3-1. コーチングとティーチング

関根（2006）は、教える相手によって、ティーチングとコーチングを使い分けるべきであると主張しています。ティーチングとコーチングの違いは以下の通りです。

> 「ティーチング」は「教え込む」という、どちらかというと今までの学校教育のイメージです。先生が答えを持っていて、それを生徒に教えるといった感じでしょうか。「コーチング」は「引き出す」といったイメージです。答えは、本人が持っている。コーチは、それを上手な質問・傾聴・承認といったスキルを使って引き出します。

（関根 2006: 128）

関根（2006: 157）は、教える相手の「レベル（知識・経験の度合い）」を「できる」のか「できない」のかという 2 つのレベルに分け、さらにそれぞれのレベルを 2 つに分けて、以下の 4 つに整理しています。

　　レベル 1：「できない」ことに気づいていない。
　　レベル 2：「できない」ことに気づいている。
　　レベル 3：「できる」理由をわかっていない。
　　レベル 4：「できる」理由をわかっている。

　その上で、レベル 1 と 2 の相手には「ティーチング」を、3 と 4 の相手には「コーチング」を行うべきであると主張しています。

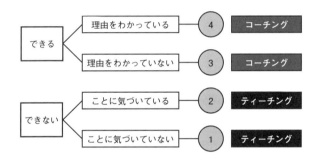

図 14　教える相手のレベル（知識・経験の度合い）に合わせた指導の使い分け

各レベルで行う指導は、以下の通りです。

　　レベル 1：「できない」ことに気づいていない
　　　 1．観察（上手にやっているところを見せる）
　　　 2．指摘（できないことをきっちり伝える）
　　　 3．体感（できていないことを体感させる）
　　レベル 2：「できない」ことに気づいている。
　　　 1．実践→評価（やらせてみて、その良し悪しを伝える）

レベル3：「できる」理由をわかっていない。
　　1．質問（「なぜできたの？」と聞く）
　　2．分析（「なぜできたのか」を考えさせる）
レベル4：「できる」理由をわかっている。
　　1．見守る（基本的に見守ってあげて、あとは本人からの相談を
　　　　待つ）

　この理論的枠組みに従えば、「教える相手のレベルによって、指導のことばの内容を考える重要性」が見えてきます。

3-2. ソーシャル・スタイル理論

　Merrill & Roger（1981）は、人を大きく4つのタイプに分類しています。

図15　ソーシャル・スタイル理論による、4つのタイプ

　「人はそれぞれ大事にしている価値観があり、それを尊重した接し方をすべき」という考え方の下、関根（2006: 85-86）は各タイプへの接し方について、次のように述べています。

　　「行動型：ドライビング」は、目標達成を重視しています。「分析型：アナリティカル」は考え深さ、「友好型：エミアブル」は対人関係、「感覚型：エクスプレッシブ」は称賛・注目を重視しています。それぞれが大事にしている価値観を尊重した接し方をすることが「対

人スタイル」の肝になります。（中略）「対人スタイル」を理解すると、教えるのが楽になります。「教える難しさ」であった「コミュニケーションの難しさ」もだいたいは、この「対人スタイル」つまり「人との接し方」における違いが原因のケースが多いのです。例えば、「分析型」の相手は、あまり感情表現をしません。その相手に対して「感覚型」が教えると「何かノリが悪いな〜。伝わっていないのかなあ〜。」と心配になってしまいがちです。でもそれは「分析型」がそういう接し方をするだけで、教えた内容を理解していないということではないのです。

　この理論的枠組みも、「教える相手のタイプによって、指導のことばの内容を考える重要性」を主張しています。

3-3. メンタリング

　「メンタリング」とは、もともと「知識や経験の豊かな人々が、まだ未熟な人に対して、キャリア形成や真理・社会的な側面から一定期間継続して行う支援行動全体」（渡辺・久村 1999: 11）です。教育の分野では、新米教師と先輩教師との間で実施されるもので、新参の専門家の自立を見守り援助する先輩教師は「メンター」と呼ばれています。本田（2000: 95-97）は、メンターがメンティー（メンタリングを受ける者）を育成・支援する過程で行う行為として、以下のものを挙げています。

　　・方向を示す
　　　　成功するために必要な方向性を示し、やる気を起こさせる。
　　・目標を協働的に設定する
　　　　話し合いながら、主体的に目標を設定させる。
　　・優先課題の発見を支援する
　　　　目標を達成するために、何が優先課題か、発見を支援する。
　　・問題領域、問題点に気づくことを支援する
　　　　何が問題なのか、気づかせ、主体的に改善をさせる。

・問題解決を支援する

　　具体的な問題解決を、行動として起こさせる。
・コーチする

　　実務面で、必要なことをコーチ、指導する。
・カウンセリングする

　　抱えている悩みなどに、親身になって、相談にのる。
・質問する

　　相手の可能性を引き出すように、質問をする。
・傾聴する

　　話の内容や心の動きなどを聴き、よく理解ができる。
・伝える

　　自分の考えや思いを正確に伝える。
・共感する

　　相手の立場に立って、相手の考えや思いが理解できる。
・受容する

　　相手を評価せず、相手のあるがままを受け入れる。
・フィードバックする

　　今、ここで起こっていることを、そのまま相手に伝える。
・見守る

　　直接の行動をとらず、見守ることで、相手の自主性を促す。
・協働的に成果を達成する

　　お互いが協力し、持てる力を最大限に引き出しながら、主体的に
　　成果を達成する。

　この理論的枠組みに従えば、「（メンターという役割を果たす際に求められる）指導のことば」を具体的に考えることができます。

3-4. その他の方法

　その他には、「実習生の自己モニターを促す基準として、注意事項リストを提供・活用する」方法が考えられます。教案を作成する際に、「こう

いうところに気をつけよう」というリストがあれば、実習生はそれを参考に教案作成を進められます。例えば、「全体発表／前に出て発表／スピーチ」を授業で行いたい実習生には、こんな注意事項を与えることができます（田尻 2014）。

〈全体発表／前に出て発表／スピーチに際して、以下のどれかの目的があるか〉
　■解法・解答を共有する
　■異なる意見や考え方、答えを知り、刺激を受ける
　■発表を聞いて、自分ももう一度チャレンジしたくなる
↓
聞き手を全員巻き込めないのなら、やらない！

　このような形で注意事項を提供されれば、それに照らし合わせて、実習生が自分自身で気づくことが可能になります。日本語教育分野で、こういった注意事項リストの開発が待たれるところです。
　ここまで、教師教育者の指導のことばの指針を、いくつかの理論的枠組みを用いて、タイミング・量／頻度・質の観点で、具体的に紹介してきました。教師教育者が自身の指導のことばを向上させるためには、以下の方法が有効だと、私は考えています（横溝 2016a: 21-22）。

1. 直観に頼った、「なんとなく」的な指導助言をやめる。
2. 自分自身で「理論的枠組み」を探し、その中で言われていることを頭に叩き込む。
3. 自分がいつ／どのくらい／どのような指導のことばを使っているのかを調査することで、自己研鑽をし続ける。

第5章

［初任］段階の
日本語教師
研修に
求められるもの

日本語教師養成課程を終えた後は、いよいよ教師としてのデビューです。［初任］段階の日本語教師には、どのような資質・能力が求められ、それを身につける研修はどのようなものなのでしょうか。詳しく見ていきましょう。

［初任］段階の日本語教師の活動分野

　第1章「E. 日本語教育人材の活動分野・役割・段階による区分」ですでに述べましたが、『養成・研修の在り方について』では、日本語教育人材が、その活動分野、役割、段階別に整理されています。第3章で述べた［養成］段階に続くのが、［初任］段階です。

　［初任］段階の日本語教師は、活動分野によって、以下のように分けられています（本書 p.19, 第1章の図4参照）。

　　1．生活者としての外国人に対する日本語教師
　　2．留学生に対する日本語教師
　　3．児童生徒等に対する日本語教師
　　4．就労者に対する日本語教師
　　5．難民等に対する日本語教師
　　6．海外に赴く日本語教師

　6つの活動分野それぞれで、求められる資質・能力は異なっています。ここでは、「2.留学生に対する日本語教師」に焦点を当てて、論を進めたいと思います。

B

留学生に対する日本語教師［初任］に求められる資質・能力

　留学生に対する日本語教師［初任］に求められる資質・能力は、以下の通りです（文化審議会国語分科会 2019: 26）。

表5　留学生に対する日本語教師［初任］に求められる資質・能力

	知識	技能	態度
留学生に対する日本語教師［初任］	【1 留学生に対する教育実践の前提となる知識】 (1) キャリア支援の視点を持ち、それぞれの専門分野の学習に必要となる日本語指導を実施する上で必要な知識を持っている。 (2) 進学や就職に必要となる試験や、その内容を指導するために必要な知識を持っている。 (3) ICT 等の多様なリソースを活用した指導を行う上で、必要な知識を持っている。 (4) 言語習得に関する実践的な知識を持っている。 【2 日本語の教授に関する知識】 (5) 学習者が他者と協働し、自律的かつ主体的に学んでいけるようにするために必要な知識を持っている。	【1 教育実践のための技能】 (1) 日本語教育プログラムを踏まえ、学習者の状況に応じ、教育的観点から見て適切な指導計画を立てることができる。 (2) キャリア支援の視点を持ち、それぞれの専門分野の学習に必要となる日本語能力を身に付けるための効果的な指導ができる。 (3) 学習者の自律学習を促進し、主体的に学ぶ力を育てるための教育実践ができる。 (4) ICT 等の多様なリソースを活用した効果的な教育実践ができる。 (5) 様々な規模・形態のクラスの管理・運営を行うことができる。 【2 成長する日本語教師になるための技能】 (6) 指導計画に基づき実践した授業や教育活動を分析的に振り返り、改善と新たな実践のための検討ができる。 【3 社会とつながる力を育てる技能】 (7) 教室内外の関係者と学習者をつなぎ、学習者の社会参加を促進するための教室活動をデザインすることができる。	【1 言語教育者としての態度】 (1) 複数の教師でクラスを担当するチームティーチングについて理解し、教師間で連携・協力を図ろうとする。 (2) 日本語学習だけでなく、進路選択に関しても担当者と連携し、多様な関係者と共に関わり、指導を実践しようとする。 【2 学習者に対する態度】 (3) 学習者の自律学習を促進し、主体的に学ぶ力を育てようとする。 【3 文化多様性・社会性に対する態度】 (4) 留学生を取り巻く国内外の社会状況の変化に関心を持とうとする。 (5) 学校外の地域社会や他者とのつながりを持つことの意味を理解し、社会とつながる機会提供に努めようとする。

日本語教師［養成］に求める資質・能力の上に、上乗せする形で、必要な資質・能力が挙げられています。日本語学習者が留学生である場合、日本語教育機関修了後に進学または就職することになりますので、「キャリア支援」「進学・就職」「進路選択」等の知識・技能・態度が必要になります。また、修了後に自ら学び続けられる学習者を育てるための「自律的・主体的な学び」を促進するための知識・技能・態度が求められています。加えて、一つのコースを数名の教師で教えることを想定した「チームティーチング」、より効果的な授業の実現のための「ICT」の知識・技能、学習者の社会参加を促すための技能・態度も必要とされています。

C

留学生に対する日本語教師［初任］における教育内容

では、留学生に対する日本語教師［初任］に対して研修を行う際には、どのような教育内容を盛り込めばよいのでしょうか。文化審議会国語分科会（2019: 49）は、以下の教育内容を挙げています。

表6　留学生に対する日本語教師［初任］研修における教育内容

3領域	5区分	16下位区分	教育内容
社会・文化に関わる領域	社会・文化・地域	①世界と日本	
		②異文化接触	（1）日本の留学生受入れ施策 ・在留資格 ・法務省の告示基準 ・留学生教育の変遷
		③日本語教育の歴史と現状	（2）法務省告示日本語教育機関の歴史と現状 （3）日本語の試験 ・日本語能力試験（JLPT） ・日本留学試験（EJU） ・ビジネス日本語の試験
	言語と社会	④言語と社会の関係	（4）日本と海外の教育制度の違い
		⑤言語使用と社会	（5）進路選択関連情報 ・キャリア教育 ・留学生の進学・就職指導
		⑥異文化コミュニケーションと社会	（6）留学生の異文化受容・適応 ・異文化間トレランス ・メンタル・カウンセリング
教育に関わる領域	言語と心理	⑦言語理解の過程	
		⑧言語習得・発達	
		⑨異文化理解と心理	（7）日本語の学習・教育の情意的側面 ・青年期学習者の成長と発達
言語に関わる領域	言語と教育	⑩言語教育法・実習	（8）演習 ・対象レベル別指導法 ・論文・議論の指導法 ・指導案作成 ・教材作成

（コミュニケーション）

			・教室活動 ・評価法 ・自己点検 ・経験の振り返りや議論等を通じた内省力の強化（経験を通して学ぶ力の育成）
		⑪異文化間教育・コミュニケーション教育	
		⑫言語教育と情報	(9) 留学生のための教材・教具のリソース (10) 著作権 (11) 統計処理（テスト・評価・成績管理）
	言語	⑬言語の構造一般	
		⑭日本語の構造	
		⑮言語研究	
		⑯コミュニケーション能力	

　［養成］段階と違うのは、留学生の受け入れに関わる「在留資格」、留学生が受験するであろう「日本語の試験」、修了後の学生のキャリアにつながる「進路選択関連情報」、留学生の評価・成績管理に結びつく「統計処理」等が含まれている点です。

D

日本語教師［初任］対象の研修のあるべき姿

　このように、［養成］段階から一つ上の［初任］段階になると、より多くの、そしてより高いレベルの知識・技能・態度が求められるようになり、学ぶべき内容も広範化・高度化します。その要求に対応するために、現職者対象に「研修」が行われるのです。第1章で、「現職日本語教師に対する研修をさらに充実させることが、強く求められている」ことについては、すでに述べました。留学生に対する日本語教師［初任］段階に対しては、上述の「在留資格」「日本語の試験」「進路選択関連情報」「統計処理」等についての知識を深め・スキルを高める研修が考えられます。これらは、留学生に対して日本語を教える際に発生する「業務」に関わる知識・スキルです。その一方で、表6中の「(8) 演習」に含まれている「対象レベル別指導法」「論文・議論の指導法」「指導案作成」「教材作成」「教室活動」「評価法」等は、養成段階の「必須の教育内容」をより高度化した教育内容と捉えると分かりやすいと思います。

　では、より高度化した教育内容を、日本語教師［初任］が自分のものにするためには、どうすればよいのでしょうか。新米教師の教育技術について、学校教育の立場から、前田（2016: 38）は以下のように述べています。

　　新卒の時期は、がむしゃらに本を読んだり、先輩に聞いたり、セミナーや研究会に参加したりして、教育技術を獲得するべきだ。子どもたちを導くための統率力が必要とされるからだ。新卒教師の学級がくずれやすいのは、未熟な教育技術による指導力不足が原因のことが多い。教師の力量によって、学級は良くもなるし悪くもなる。教師として子どもたちに信頼されなければ、あらゆる教育活動は成立しない。その意味において、教育技術の獲得は、教師の必須条件と言えるだろう。

ある教育技術の効果を一般化することができれば、誰もが活用可能な教育技術となります。それを少しずつ獲得していくことで教師は成長すると考えることも可能です。この考えは、「技術的合理性」または「技術的合理主義」（Technical Rationality）と呼ばれるもので、「（授業の達人と呼ばれる優れた教師が持っている）卓越した教育技術を身につければ、素晴らしい授業ができるようになる」という考えです。しかしながら、その有効性に対する限界が指摘されています（前田 2016: 46-47）。

　　組織学習の研究者であるドナルド・ショーンは、その著書『省察的実践とは何か』の中で「技術的合理主義」の限界を指摘しました。「問題を解決するために、定められた手段を選ぶ」ということばかりを強調すると、「問題の設定」そのものが無視されてしまうというわけです。現在の学校や教室では、既存の技術を「適用」すればすぐに解決できるような単純な問題ばかりではありません。（中略）
　　ショーンは、技術的合理主義だけでは複雑で不確実な問題の解決に向かわないということを示しました。そして、自分がしている行為について、その行為の最中に驚き、その行為について振り返ることを、「行為の中の省察（リフレクション・イン・アクション）」と呼びました。行為の中の省察を行う実践家は、既存の技術を「適用」するのではなく、置かれた状況の中で考え抜き、新しい理論や技術を生み出したり変化させたりしているというわけです。
　　たしかに、すぐれた教師は、子どもたちの反応に敏感に応じて、その場で発問を変えたり、授業の流れを入れ替えたりすることがあります。また、子どもたちの意見を採り上げて、そこから話し合いに入ることもあります。それは、自分の持つ技術の適用に留まらない、新たな技術を生み出す瞬間です。まさに子どもたちに教えながら、子どもたちから学んでいるわけです。こうして、すぐれた教師は省察をとおして実践知を獲得していくことを無意識に行っているのです。
　　ショーンは、このような省察を繰り返しながら成長をしていく実践家を「反省的実践家」と呼びました。教師の学びの世界においても、

「大学で理論を学んで現場で技術を身につける」という従来型の成長モデルでは不十分であり、「自分自身をどう省察するかを学ぶ」という省察を中心とした成長モデルが広がっています。「一人前」の教師が、「キャリアプラトー（停滞状態）」を抜け出して「中堅者」となるためには、省察の技能を身につけて実践知を生み出していく力が求められるのです。

　以上の主張は、学校教育の立場からなされているものですが、学校教育であれ日本語教育であれ、成長を促すための教師研修の視点は同一です。「省察（リフレクション）」とは、具体的には以下のような作業を指します。

　　　リフレクションには内省とか省察、ふり返りといった訳語が充てられますが一体何をふり返るのでしょうか。それは授業中の出来事、それを考える自分、さらには出来事を分析するよりどころとなる自身の過去の経験です。（中略）つまりリフレクションは経験から意味を取り出す作業を通して他の経験や考えとの関連づけを行い理解を深める作業です。
　　　　　　　　　　　　　　　　　　　　　　（玉井 2009a: 123）

　教師として成長するためには、ある一定の教育技術を獲得することは重要なのですが、それだけでは不十分であり、省察（リフレクション）を繰り返し、実践知を獲得し続けることが必要不可欠なのです。

E

日本語教師[初任]対象の研修の方法

では、省察（リフレクション）を中心とした研修にはどのようなものがあるのでしょうか。ここでは、「リフレクティブ・プラクティス」について述べていきます。

1. リフレクティブ・プラクティス

リフレクティブ・プラクティスは、教育分野だけでなく、看護学・臨床医学・スポーツなどさまざまな分野で行われている、実践についての理解を深める研究法です。玉井（2019a）は、リフレクティブ・プラクティスをアクション・リサーチから派生した実践研究法と位置づけ、以下のように定義しています。

> 経験を協働的にふり返ることで新たな意味解釈を引き出し、自身と自身の実践について理解を深めることによって問題の解決や成長を試行するための実践研究法 　　　　　　　　　　　　（玉井 2019a: 19）

この定義は、アクション・リサーチの定義「自分の教室内外の問題及び関心事について、教師自身が理解を深め実践を改善する目的で実施される、システマティックな調査研究」（横溝 2000a: 17）ととても似ているように思えます。二つの違いは何なのでしょうか。違いを明らかにするために、玉井（2019a: 17-19）は、アクション・リサーチの特徴を、以下の7点にまとめています。

　a. 問題解決、事態改善志向型、臨床的な研究である。
　　　抽象化した一般法則性を取り出すことを究極の目的とするのではなく、フィールドや文脈に密接に根ざし、そこに研究課題が求められている。

ｂ．リフレクション（内省）の使用。

　　内省を通した主観的な語りが問題把握のための主要な分析材料
　　として使われる。

ｃ．参加者は皆平等な社会的存在である。

　　参加者は研究者・実践者を問わず、平等な構成員として、コ
　　ミュニティの中に位置づけられる。

ｄ．研究目的が参加者の置かれる現状の変化にある。

　　アクション・リサーチでは参加者の実践の変化や直面する社会
　　状況の改善が結果として期待される。結果志向的である。

ｅ．実践経験へのシステマティックなアプローチである。

　　［Plan-Act-Observe-Reflect］が経験学習サイクル（experiential
　　learning cycle）と基本的に同じであり、このサイクルは円環
　　的に継続される。また、この plan-act の部分については、実
　　践的課題解決に適したもの、学問的研究課題を追求する上でよ
　　り高い妥当性を持つもの等を選択することが可能である。

ｆ．個々の参加者の経験が研究分析の対象である。

　　経験の意味を引き出す行為が内省である。

ｇ．現象の意味を解釈的に分析する研究方法である。

　　現象を要素に分解して、要素間の関係で因果論的に説明するの
　　ではない。現象の意味が解釈的に分析され、その解釈は常に変
　　更にオープンであり、それ故に循環的に進行を続ける。

その上で、玉井（2019a: 19）は、以下のように述べています。

　　（アクション・リサーチは）研究のための研究ではなく、産業組織
　　の構成員であったり教育に関わっていたり、実践家たちであったり、
　　自分たちの実践プロセスを観察し協働的に検討することで、日々の実
　　践をよりよいものに改善していくことを目的としたものと言えます。
　　実証主義的研究が、客観性、法則性、再現性を担保し、現象に実証的
　　データを持ってアプローチし、因果的に検証しようとするのに対し

て、アクション・リサーチは研究法としての元々の存在意義が異なっていると言わねばなりません。そもそもの研究の出発点が、現象についての仮説の検証や因果的説明ではなく、現場という社会での問題解決なのですから。

リフレクティブ・プラクティスがアクション・リサーチから派生した実践研究法であるとするのなら、この二つはどのように異なっているのでしょうか。玉井（2019a）は、上掲の7つの特徴を、アクション・リサーチとリフレクティブ・プラクティスともに有しているとした上で、以下のような違いがあると指摘しています（玉井 2019a: 25）。

　研究的側面に問題解決法として実証的な側面から対応しつつ発展してきたのがアクション・リサーチであり、ふり返りによる実践的側面、つまり自身と自身の実践を批判的により深く理解する技術を深めてゆくことにより大きな光を当てて発展してきたのがリフレクティブ・プラクティスと考えられるのです。

　応用社会心理学の領域に産声を上げたアクション・リサーチは、それゆえに成果としての「変化（change）」が運命づけられ、それによって研究としての実証性を担保してきました。アクション・リサーチを用いた研究の中に、数量的なデータを収集して変化や効果を議論する一方、内省プロセスだとか参加者の研究への参加といった部分への言及が見られず、実践理論面の解釈が希薄に留まる研究が少なくないのは、実証性と普遍性を重視する社会心理学的伝統の特徴を維持している背景があるのかもしれません。また、これは同時に、アクション・リサーチの実践理論面、特に参加者による内省実践を通しての理解深化のプロセスは、実はそれほど容易ではないということでもあるでしょう。

　そういった点では、リフレクティブ・プラクティスは、アクション・リサーチの陰でそのむずかしさと曖昧さゆえに置き去られようとした個の側面、自己についての知識（self-knowledge）に光を当て

　第5章　［初任］段階の日本語教師研修に求められるもの

て、実践の改善だけでなく実践者の成長をも視野に入れた実践研究法として理論的枠組みと具体的実践方法を整えてきたと言えるかもしれません。リフレクティブ・プラクティスが、学習者という教室におけるナイーブな存在、葛藤する教師、社会的弱者とソーシャルワーカー、或いは病院における患者と看護師との交流といった分野においての実践分析によく用いられるのは、内省を通してそれぞれが世界とどのように関わっていこうとしているか、そこにスポットを当てようとしているからだと思います。

アクション・リサーチの「Plan-Act-Observe-Reflect」（Kemmis & McTaggart, 1988）の循環モデルに対して、玉井（2019b: 58）は「経験→問い→記述→分析→理解」の5段階の循環モデルを、リフレクティブ・プラクティスの手順として挙げています。

図16　リフレクティブ・プラクティスの循環モデル（玉井 2019b: 58）

［経験（Experience）］
　　経験のあらゆる側面に開かれた関心をもって向き合う段階。授業直後は、何が問題なのかもわからないくらいボヤッとした感覚しかないが、落ち着いてくると、幾つかよかった瞬間や逆の場合が

浮かび上ってくる。

[問い（Inquiry）]

　自身との対話を通して経験をふり返るための最初の入り口。自然に問いが立っている場合もあるし、「今日の授業で気になった瞬間は？」「学習者に〜してもらうために私ができることは？」等と、自らに問いかけることも可能。

[記述（Description）]

　授業実践研究におけるデータコレクションのプロセス。データ入手には、仲間やメンターとの間で始まる語り、ティーチング・ジャーナル（授業日記／日誌）への記述等、様々な方法が取られる。

[分析（Analysis）]

　記述したことについて様々な解釈をしていく段階。「できるだけ幅広く」「間口を開けて」、多様な解釈に自らを開いておくことが必要。

[理解（Understanding）]

　それまでのプロセスから生まれた理解。

　アクション・リサーチの循環モデルと大きく異なっているのが、「行動（Action）」が含まれていない点です。この点に関して、玉井（2019b: 57-58）は、以下のように述べています。

　記述と分析の結果としてよりよい理解に到るならば、必然的に次の行動は変わると考えます。内省的実践家にとっては行動が必ずしもリフレクティブ・サイクルの次の必然的段階とは限りません。次の行動が新しい理解に導かれると考えるならば、大切なのはどのような行動をとるかではなく、どのような理解に到ったかだと考えます。新しい理解のもとで現象が異なる意味をもって立ち上がって来る時、行動は必ずしも必然とはならないと思うのです。私が関わってきた実践家たちは異口同音に認識の変化とそこから来る新しい理解が彼らのティー

チングの変化をもたらしたことを語っています。

「理解」を最重視する考え方は、玉井（2009a: 143）の以下の文言にも表されています。

> 教師の成長のために最も大切なのは、リフレクションの技術とリフレクションにもとづいてティーチングを分析していこうとする姿勢を育てることだと思うからです。そしてその向こうにあるのが、学習者中心的な視点を実践できる教師への発展というわけです。

リフレクションは、自己の体験をふり返り、言語化する作業です。その作業には、以下のようなさまざまな角度、観点があります（玉井・浅岡・渡辺 2019: 97）。

・口頭で行う、または文章で行う。
・単独で行う、または他者が存在する。
・他者が存在する場合は、その他者は、ピアであったりメンターであったりする。
・自身の体験あるいは他者の体験をふり返りの対象とする。

具体的手法としては、ジャーナル記述、面談、授業観察、ディスカッション・グループ等がよく使われます。

以下は、面談によるリフレクションの例です（玉井・浅岡・渡辺 2019: 83-84）。

> Y先生は中学校で英語を教えていますがある年、校長の依頼で自閉症児の学級の担任となりました。Y先生は障がい児教育を専門としていたわけでもなく、学習に大きな問題を抱える生徒達と毎日相対することに苦痛を感じていました。教師としての自分の役割が見えないことが悩みでした。面談でY先生は自閉症児との毎日がどのようなも

のかを話してくれるのですが、ある日K君との出来事を話し始めました。パソコンでゲームをしていたK君が突然Y先生の所へやってきたかと思うと肘をつかんでコンピュータの所へ連れていきます。K君はY先生の手をマウスに乗せて動かします。何か問題があるらしいのですが、画面に問題はなく何をしてほしいのか分からないまま、Y先生があれこれやっているうちにボリュームボタンが立ち上がりました。その途端にK君の反応が変わり、彼はY先生を押しやって音を変化させるボリュームボタンのカーソルを自分で確認するように動かして変わる音を楽しんでいたようだったというのです。その時に面談者の私は「Yさん、K君は本当に学習ができないのだろうか」という問いかけをしました。「ひょっとしてK君はボリュームのカーソルを探すためには貴方の力が必要で、彼の学びのリソースとして貴方を使ったという理解もあるかもしれない」。私の解釈ですが可能性の1つとして提示しました。Y先生は、しばらく黙っていましたが、「私は教師は教えるものだと思っていたけれど、それは私の思い込みでしかなくて、生徒たちは自閉症でも、皆自分で学ぼうとしているのかもしれない。自閉症の子たちが勉強できないと思っているのは私を含めた教師たちなのかもしれない」というような理解を示しました。そしてしばらく後の面談で新たにTさんの学習について報告をしてくれたのです。

　ある日の授業で20分ほど授業時間が余ってしまったYさんは、お絵描きが好きなTさんに白紙の紙に4つの枠を作って、絵本のキャラクターを描いてごらんと言って与えたそうです。Tさんも自閉症児で教師たちは学習などはほぼできないと思われていたそうです。ところが色鉛筆を持ったTさんは一生懸命に書き始め、2枚目を要求し、とうとう桃太郎のストーリーを一気に描き上げてしまったというのです。驚いたのは職員室の教員たちだったと。Yさんは子どもたちの潜在的な学びの力に無知なのは自分を含めた教師たちの方であって、子どもたちにはそれぞれ素晴らしい学びの世界があったのだと自閉症の子どもたちに気づかされたと言います。

面談では、面談者は「メンター」の役割を果たします。［初任］段階の日本語教師に対しては、教師教育者がメンターとして面談をすることが有効です（玉井・浅岡・渡辺 2019: 80-82）。

　　　メンターに必要な技術はその役割から自然に導かれます。ではメンターの役割は何か。実践者のリフレクション・プロセスへの支援的参加です。つまり実践者のよりよい実践理解を共通目標として、リフレクションの主導権は実践者に預けたまま、リフレクションを共にして多様なフィードバックを通じてより豊かで深い理解へのプロセスを共有することです。あくまで協力者の立場ですから、リフレクションの結果としての問題解決や効果、変化は役割の視野には入れません。

　メンターとしての役割を果たすためには、以下の３つの技術が必要とされています。

［リラックスして信頼される人間関係を作り維持する技術］
　　　平等で信頼感のある関係づくり。メンターはあくまで協力的参加者ですから権威的な態度は慎みます。どれだけ自分がよく知っているかとかこうした方法論が役に立つとかは相手との間に上下の力関係を作り上げてしまうだけです。全くの平等とはいかなくとも、さりげなく自分は今日あなたのためにここにいますよ、という雰囲気がそこにできればよいと思います。
［聞く技術］
　　　相手の心にあることを理解しようと、注意深く耳を傾けて聞くという意味で傾聴（attentive listening）とも言われます。この時まだ言語化されていない経験は、言葉となって出てきますが、そこには様々な感情が伴っています。聞き手はそうした感情も話し方も全てが語りの要素である意識を持って聞き、不明の所は言い換えて意味を確認したり質問をしたりしますが、安心して話を続けてもらうために意見は差し控えます。（中略）共感しつつも

批判や意見は差し控え、実践者が起こったことを多面的に記述できるようにフィードバックを返しつつ聞きます。

［フィードバックの技術］

面談でメンターは非指示的（non-directive）かつ非判断的（non-judgmental）なスタンスを保ちます。非指示的とは相手に「あなたは〜した方がよい、〜すべきでは」のような問題解決に繋がる具体的アドバイスを慎むことを指します。また非判断的とは「それはこういうことが原因でしょう、ここが〜だから〜なのです」というような解釈の押しつけに繋がるフィードバックを指し、これを慎みます。

これら3つの技術は、本書の第4章Bの3-3（pp. 111-112）で紹介した、メンターがメンティーを育成・支援する過程で行う行為をまとめたものと捉えることが可能でしょう。対象が教育実習生であれ日本語教師［初任］であれ、教師教育者にとってメンターの役割を果たす能力が非常に重要だと私は考えています。

2. ストップ・モーション式授業分析

第3章の「授業見学」で「一つのモノに集中して授業観察をする」方法を紹介しましたが、初任段階の日本語教師の場合は、「ストップ・モーション式授業分析」（中嶋2010）の方が、より高度で効果的です。以下が、その授業観察のねらいとやり方です。

[多角的な視点で授業分析をしてみよう！]
[ねらい]

授業を観察すると、さまざまな気づきが生まれます。しかしながら、観察の仕方に慣れるまでは、気づきの広さや深さが、限定されたものになってしまいます。これは、（1）授業が観察と同時に流れるものであること、そして（2）一人で気づける範囲には限界があること、などが原因です。グループを作り、各メンバーが決められた視点で授業を観察し、観察した

ものを共有していくことで、気づきが広がり深まっていきます。このグループ活動を続けることで、徐々に、一人で観察する時でも、より広がりと深まりのある観察ができるようになり、それが授業力の向上につながります。

[やり方]

1. 1グループ3人のグループを6つ作ります（この人数は、全体の参加人数によって変更できます）。
2. 各グループの構成はこうなります。

　　グループ1：教師を観察する（**グループ1A**と**グループ1B**）

　　　　① 教師の話し方・間の取り方など（各グループ1名）

　　　　② 学生の発話への反応（フィードバック）・指名の仕方・教材など（各グループ1名）

　　　　③ 教師の非言語的行動（アイコンタクト・立ち位置・表情など）（各グループ1名）

　　グループ2：学習者を観察する（ グループ2A と グループ2B ）

　　　　① 学習者の日本語（量と質・反応の速さ）など（各グループ1名）

　　　　② 学習者の非言語的行動（表情・体の動きなど）（各グループ1名）

　　　　③ 学習者の人間関係・習慣になっていること、など（各グループ1名）

　　グループ3：教師のビリーフス（信念）を観察する（ グループ3A と グループ3B ）

　　　　① 日本語の指導で徹底していること（各グループ1名）

　　　　② 学習者とのやり取りに表れている、教師の願い（各グループ1名）

　　　　③ 教師の指導や学習者の動きから見る日頃の指導（各グループ1名）

3．授業のビデオを 5〜10 分観て、担当部分について、各自の気づきを
　　書きとめる。

4．気づきを、各グループ内で共有し、「グループ全体の気づき」として
　　まとめ、それをマッピングして、模造紙に記す。

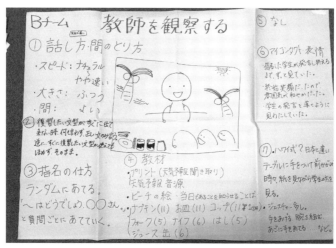

写真 1　「グループ全体の気づき」のマッピング 1

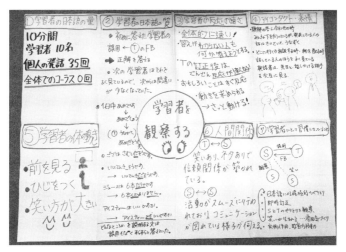

写真2 「グループ全体の気づき」のマッピング2

5. 各グループ3名のうち1名が、「グループ全体の気づき」を伝える役割になる。その他の2名は、1名ずつ他のグループに行って、「そのグループ全体の気づき」を聞き取ってくる役割になる。3〜5分の説明後、2名は1名ずつ、行っていなかったもう一つのグループのところに行って、「そのグループ全体の気づき」を聞き取ってくる役割になる。例えば、以下のような感じになる。

【ひと回り目】
グループ 1A-① … 「グループ全体の気づき」を伝える役割（1名）
グループ 1A-② … グループ 2A に行って聞き取ってくる役割（1名）
グループ 1A-③ … グループ 2B に行って聞き取ってくる役割（1名）

グループ 1B-① … 「グループ全体の気づき」を伝える役割（1名）
グループ 1B-② … グループ 2A に行って聞き取ってくる役割（1名）
グループ 1B-③ … グループ 2B に行って聞き取ってくる役割（1名）

グループ 2A-① … 「グループ全体の気づき」を伝える役割（1名）
グループ 2A-② … グループ 3A に行って聞き取ってくる役割（1名）
グループ 2A-③ … グループ 3B に行って聞き取ってくる役割（1名）

グループ 2B-① … 「グループ全体の気づき」を伝える役割（1名）
グループ 2B-② … グループ 3A に行って聞き取ってくる役割（1名）
グループ 2B-③ … グループ 3B に行って聞き取ってくる役割（1名）

グループ 3A-① … 「グループ全体の気づき」を伝える役割（1名）
グループ 3A-② … グループ 1A に行って聞き取ってくる役割（1名）
グループ 3A-③ … グループ 1B に行って聞き取ってくる役割（1名）

グループ 3B-① … 「グループ全体の気づき」を伝える役割（1名）
グループ 3B-② … グループ 1A に行って聞き取ってくる役割（1名）
グループ 3B-③ … グループ 1B に行って聞き取ってくる役割（1名）

【ふた回り目】
グループ 1A-① … 「グループ全体の気づき」を伝える役割（1名）
グループ 1A-② … グループ 3A に行って聞き取ってくる役割（1名）
グループ 1A-③ … グループ 3B に行って聞き取ってくる役割（1名）

グループ 1B-① … 「グループ全体の気づき」を伝える役割（1名）
グループ 1B-② … グループ 3A に行って聞き取ってくる役割（1名）
グループ 1B-③ … グループ 3B に行って聞き取ってくる役割（1名）

グループ 2A-① … 「グループ全体の気づき」を伝える役割（1名）
グループ 2A-② … グループ 1A に行って聞き取ってくる役割（1名）
グループ 2A-③ … グループ 1B に行って聞き取ってくる役割（1名）

グループ 2B-① … 「グループ全体の気づき」を伝える役割（1名）
グループ 2B-② … グループ 1A に行って聞き取ってくる役割（1名）
グループ 2B-③ … グループ 1B に行って聞き取ってくる役割（1名）

グループ 3A-① … 「グループ全体の気づき」を伝える役割（1名）
グループ 3A-② … グループ 2A に行って聞き取ってくる役割（1名）
グループ 3A-③ … グループ 2B に行って聞き取ってくる役割（1名）

グループ 3B-① … 「グループ全体の気づき」を伝える役割（1名）
グループ 3B-② … グループ 2A に行って聞き取ってくる役割（1名）
グループ 3B-③ … グループ 2B に行って聞き取ってくる役割（1名）

グループごとのメンバーを図にすると、以下のような感じになる。

	グループ1A	グループ1B	グループ2A	グループ2B	グループ3A	グループ3B
○○を観察する段階	1A-①	1B-①	2A-①	2B-①	3A-①	3B-①
	1A-②	1B-②	2A-②	2B-②	3A-②	3B-②
	1A-③	1B-③	2A-③	2B-③	3A-③	3B-③
ひと回り目	1A-①	1B-①	2A-①	2B-①	3A-①	3B-①
	3A-②	3A-③	1A-②	1A-③	2A-②	2A-③
	3B-②	3B-③	1B-②	1B-③	2B-②	2B-③
ふた回り目	1A-①	1B-①	2A-①	2B-①	3A-①	3B-①
	2A-②	2A-③	3A-②	3A-③	1A-②	1A-③
	2B-②	2B-③	3B-②	3B-③	1B-②	1B-③

図17　参加者の移動のし方

6．ふた回りした後で、もとのグループに集合し、他のグループから聞き取ってきた内容を共有する。その後、グループ全体での気づきを話し合う。

7．このセッション全体を通しての気づき・学びを共有する。

この授業観察活動の理論的基盤は、以下の通りです（中嶋 2010）。

① 「一つのものを見ながら話し合いを進める」という方法は、学校現場では不可欠である。話し合いをしていても、各自がノートに記録をとっている状態では、理解に「差」が生まれることが多い。共同作業の醍醐味は、同時に書かれているものを見ながら話をすることにより、様々な意見が出やすくなり、共通理解が得られやすいということである。

② 模造紙に記すための「マッピング」はあくまでも思考の初期から中期段階までのプロセスである。「言語化によるまとめ」が必要である。「グループ全体の気づきを伝えること」や「他のグループで聞き取ってきたことを、同じグループのメンバーに伝えること」が、この「言語化によるまとめ活動」となる。

③ この方式の授業分析により、「授業全体がどういう組み立てになっているか」ということが、3つの視点からはっきり見えてくる。つながりがないと、授業は成立しているとはいえない。ストーリーになっていないからである。授業のビデオを少しずつ止めながら観察することによって、つながっているように見えた活動が一旦切り離される。そこで、関連性や意味づけを考えてみるのである。こうすると、今まで見えなかったものが見えてくる。ここが普通の授業観察ではできないことである。

④ 「自分の力以上のことには気づけない」ものである。もともと、自分の中に「チャンネル」や「物差し」をもっていなければ、ハッとしてメモをとることなどできない。グループで共通の一つの視点に基づいて話し合うことで、ハッとすることが可能になる。チャンネルが少ない教師は、この授業観察を通して、「そうか。そこが大切だったのか」という気づきがどんどん湧き出てくる。自分のチャンネルが増えていけば、授業デザインも大きく変容していくようになる。

　この方式の採用によって、授業を多角的に分析する力をつけることができます。日本語教師［初任］の研修では、教師同士の授業分析に使用可能

です。

3. アクティブ・ラーニングを引き出す授業の実践

　日本語教師［初任］に対する研修方法として、『養成・研修の在り方について』の36ページで、「OJT（On-the-Job Training)」が提唱されています。養成段階で獲得したスキル（知識・技能・態度）を基礎として、各自の教育現場の状況に合わせた「実践的能力」を向上させることが期待されているのです。「自分が実際に教えている学習者に対して、どう授業改善を行えばよいのか」に関するヒントを与えてくれるアクティブ・ラーニング（Active Learning）の視点は、日本語教師［初任］向きだと言えるでしょう。

　横溝・山田（2019: 7）は、アクティブ・ラーニングを以下のように定義しています。

◆ 脳が活発に働くことで生まれる、あらゆる学習の総称。
◆ その実現をめざすことが、授業改善のきっかけとなり、教師としての成長につながる。

　この定義の中の「その実現をめざすことが、授業改善のきっかけとなり、教師としての成長につながる」という文言について、横溝・山田（2019: 44）は、以下のように述べています。

　　「アクティブ・ラーニングは、『主体的・対話的で深い学びを実現するためには、こんな方法がいいんじゃないか？　これはダメなんじゃないか？　こんなこともできるんじゃないか？』という形で、授業改善の視点を提供するものである」と捉えるべきだと、筆者らは考えています。アクティブ・ラーニングの視点は、「どう授業改善を行えば良いのか」に関する、たくさんのヒントを与えてくれるものなのです。

　横溝・山田（2019: 50-52）が提案した「アクティブ・ラーニングを実

現するための視点」は、以下の通りです。

視点1：学習者の学びが成立するように心がけているか

    ａ．どうしたら、学習者は学びやすいか。

    ｂ．どういうことばを使ったら、学習者は分かりやすいか。

    ｃ．どういう質問をしたら、学習者は考えやすいか。

    ｄ．どういうふうに接したら、学習者は受け入れてくれるか。

視点2：学習者の多様性に対応しているか

    ａ．やる気

    ｂ．年齢

    ｃ．学び方（学習スタイル／学習ストラテジー）

    ｄ．学習不安

    ｅ．母語能力

    ｆ．現在の日本語能力（レベル差）

    ｇ．学習習慣

    ｈ．学習動機／目的

視点3：適切な学習環境を提供できているか

    ａ．安心して学べる。

    ｂ．楽しく学べる。

    ｃ．協力して学べる。

    ｄ．お互いに讃え合い、祝い合い、ほめ合う。

視点4：学習者が主体的／積極的に学ぶ機会を提供できているか

    ａ．授業中に学ぶ。（動いたり、考えたり、体験したり）

    ｂ．授業外で学ぶ。（宿題など）

視点5：学習者にとって意味のある内容や中身になっているか

    ａ．内容・中身がおもしろい。

    ｂ．内容・中身が深い。

    ｃ．文脈化がなされている。（誰が・誰に向かって・何のために
表現するのかを明確にした上で、表現活動を行っている）

    ｄ．個人化がなされている。（自分について話したり書いたりし

ている）

　　　　ｅ．レベルが適切である。（日本語レベル、知的レベル等）

　　　　ｆ．自己表現が、相手理解・相互理解につながっている。

視点６：学習者に自己選択・自己決定の機会を与えているか

　　　　ａ．学習者に、教材のレベルの自己選択・自己決定の機会が与え
　　　　　　られている

　　　　ｂ．学習者に、制限時間の自己選択・自己決定の機会が与えられ
　　　　　　ている

視点７：時間枠を設けて活動をさせているか

　　　　ａ．機械的ドリル等の比較的単調な活動を行う際、長くやりすぎ
　　　　　　ない。

　　　　ｂ．沈思黙考型の活動を行う際、十分な時間を確保し、その時間
　　　　　　があらかじめ伝えられている。

　　　　ｃ．話し合い活動を行う際、十分な時間を確保し、その時間があ
　　　　　　らかじめ伝えられている。

　　　　ｄ．身につくまでの十分な練習時間が確保されている。

視点８：ふり返りやフィードバックの時間を設けているか

　　　　ａ．各学習者によるふり返り

　　　　ｂ．学習者間のふり返りの共有

　　　　ｃ．教師からのフィードバック

視点９：「見通し」を与えているか

　　　　ａ．達成目標（「評価規準」「Can-Doリスト」「ルーブリック」）
　　　　　　が、学習者に伝えられているか。

　　　　ｂ．「その活動によってどんな力がつくのか」が、学習者に伝え
　　　　　　られているか。

　アクティブ・ラーニングを引き出す授業を体験することによって、日本
語学習者は以下のように変容すると横溝・山田（2019: 287-290）は主
張しています。

・日本語能力の向上

・学習意欲の向上

・自己調整学習能力の向上

　上記のような変容をめざして、「アクティブ・ラーニングを実現するための視点」を意識して授業改善に取り組むよう、教師教育者は日本語教師［初任］に勧めるとよいでしょう。

第6章

日本語教師［中堅］の研修に求められるもの

［初任］段階の次のレベルは、日本語教師［中堅］です。中堅レベルでは、どのような資質・能力が求められ、それを身につける研修にはどのようなものがあるのでしょうか。詳しく見ていきましょう。

A

日本語教師［中堅］に求められる資質・能力

　日本語教師［中堅］に求められる資質・能力は、以下の通りです（文化審議会国語分科会 2019: 31）。

表7　日本語教師［中堅］に求められる資質・能力

	知識	技能	態度
日本語教師【中堅】	【1 言語や文化に関する知識】 (1) 日本語教育プログラムを策定する上で必要となる知識を持っている。 (2) 国内外の外国人の状況や日本語教育施策に関する最新の知識を持っている。 【2 日本語の教授に関する知識】 (3) 学習者の日本語能力を把握・分析し、適切な学習指導を行うための知識を持っている。 (4) 教材開発・編集・改善に必要となる知識を持っている。 (5) 日本語教育プログラム、教育活動、学習者の日本語能力について適切に評価を実施し、点検・改善を行う上で必要となる知識を持っている。 【3 日本語の背景をなす事項に関する知識】 (6) 教室内外の関係者と学習者をつなぎ、学習者の社会参加を促進するた	【1 教育実践のための技能】 (1) 学習者および関係者のニーズを踏まえ、日本語教育プログラムを策定し、運営することができるとともに、学習者の属性やニーズ等の変化に応じて臨機応変に日本語教育プログラムを調整する能力を持っている。 (2) 日本語教育プログラムの中長期的な指導計画を策定する能力を持っている。 (3) 日本語教育プログラムの目標に応じた学習者の学習時間、到達目標に合致した教材を選択・作成できる。 (4) 日本語教育プログラムを実施し、点検・評価を行い、改善を図る力を持っている。 (5) 日本語教師（初任）及び日本語学習支援者に適切な助言をすることができる。 【2 学習者の学ぶ力を促進する技能】 (6) 学習者の日本語能力を適切に把握・分析し、効果	【1 言語教育者としての態度】 (1) 日本語教育の専門家（中堅）として、日本語教育の社会的意義についての自覚と情熱を有し、自身の実践を分析的に振り返るとともに、新しい知識を習得しようとするなど、常に学び続けようとする。 (2) 日本語教師（初任）や日本語学習支援者に対して、振り返りや学びの機会を積極的に提供しようとする。 (3) 学習者や他の日本語教師と共に学び合い、成長していこうとする。 【2 学習者に対する態度】 (4) 学習者が学びに向き合えるように様々な方策を用いて、共に課題解決に当たろうとする。 【3 文化多様性・社会性に対する態度】 (5) 教育実践や課題、成果などを記録・発信し、教育実践の質的向上に生

めの教育環境のデザインを行う上で必要となる知識を持っている。 (7) 日本語教師（初任）及び日本語学習支援者に適切な助言を行う上で必要となる人材育成に関する基礎的な知識を持っている。	的な学習方法や教材等について多様な選択肢を提示することができる。 **【3 社会とつながる力を育てる技能】** (7) 日本語教育現場における課題、自らの専門性における課題を把握し、関係者や他分野の専門家や機関・団体等との連携・協力により課題解決に取り組むことができる。	かそうとする。 (6) 異なるビリーフを持つ関係者と円滑な関係を構築しながら、協力的に日本語教育プログラムを運営していこうとする。

　日本語プログラムのデザイン・運営、日本語教師［初任］および日本語学習指導者への指導助言等、日本語授業そのものを超えた高次元かつ広範囲の資質・能力が求められています。

B

日本語教師［中堅］における教育内容

　では、日本語教師［中堅］に対して研修を行う際には、どのような教育内容を盛り込めばよいのでしょうか。文化審議会国語分科会（2019: 58）は、以下の教育内容を挙げています。

表 8　日本語教師［中堅］研修における教育内容

3 領域	5 区分	16 下位区分	教育内容
コミュニケーション	社会・文化に関わる領域	社会・文化・地域	①世界と日本	
		②異文化理解	（1）日本の在留外国人施策・制度 （2）日本の日本語教育施策
		③日本語教育の歴史と現状	（3）日本語の試験 （4）国内外の多様な日本語教育事情
		言語と社会	④言語と社会の関係	（5）学習者の社会参加
		⑤言語使用と社会	
		⑥異文化コミュニケーションと社会	（6）異文化間トレランス
	教育に関わる領域	言語と心理	⑦言語理解の過程	
		⑧言語習得・発達	
		⑨異文化理解と心理	（7）言語学習・教育の情意的側面
		言語と教育	⑩言語教育法・実習	（8）日本語教育プログラム及び教育環境デザイン ・事例研究 （9）目的・対象別日本語教育法 ・ファシリテーション （10）評価法 ・日本語教育能力評価、指導力評価、授業評価、プログラム評価
	言語に関わる領域		⑪異文化間教育・コミュニケーション教育	（11）異領域との協働
		⑫言語教育と情報	（12）日本語教育プログラムにおけるICT の活用 ・著作権

	言語	⑬言語の構造一般	
		⑭日本語の構造	
		⑮言語研究	
		⑯コミュニケーション能力	
		中核人材としての管理能力	・マネージメント能力 　（セルフマネージメント・チームマネージメント・ラーニングマネージメント） ・事務・管理能力 ・人材育成能力 ・ネットワーキング力

　日本語教師［初任］で含まれていた教育内容が発展しているだけでなく、「中核人材としての管理能力」として、「マネージメント能力」「事務・管理能力」「人材育成能力」「ネットワーキング力」という4つの能力が付加されています。

日本語教師［中堅］対象の研修のあるべき姿

　このように、［初任］段階からさらに一つ上の［中堅］段階になると、日本語授業そのものを超えた高次元かつ広範囲の資質・能力が求められ、中核人材、つまりリーダーとしての管理能力が求められます。［中堅］段階の日本語教師に対する研修について、以下のような「在り方」が提唱されています（文化審議会国語分科会 2019: 36）。

　　　活動分野を限定せず、分野横断的に必要とされる教育内容を扱うとともに、所属機関・組織を超えて、日本語教育全体に対する視野を養うための実践課題持ち寄り型といった現場の課題に取り組む形式の研修を大学等の教育・研修機関において受講

　日本語授業そのものを超えた高次元かつ広範囲の資質・能力やリーダーとしての管理能力を伸ばすためには、それぞれの資質・能力に特化した研修が必要となるでしょう。ここでは、教師教育者としての自分を見つめ直し、「セルフ・アウェアネス」を深める研修を紹介します。なぜなら、これからのリーダーには、この「セルフ・アウェアネス」能力が求められるからです。中原（2019: 1）は、セルフ・アウェアネスを「自己に意識を向けること」と定義し、近年のリーダーシップ論では「『自己の強みや専門性』を活かして『他』を動かす」側面が重視されると述べています。このリーダーシップ論には、以下のようなバリエーションがあります（中原 2019: 1-4）。

オーセンティック・リーダーシップ論
　　リーダーが自分の強みや弱みというのを見極めたうえで、自分らしさを発揮するリーダーシップであり、誠実さ、倫理観といった内的な基準に結びついているのが特徴。

シェアード・リーダーシップ論
　　一人のリーダーだけではなく、メンバー全員がリーダーとして、
　　それぞれの強みを発揮してチームに貢献し、チームを前に進めて
　　いくリーダーシップ。

　どちらのリーダーシップ論にも共通しているのが、リーダーが「自分の
強み（＋弱み）」を認識している点です。これからのリーダーには、まず
「自分自身を理解すること」が求められます。このことは、リーダー的役
割を果たすことが期待されている日本語教師［中堅］にも当てはまり
ます。

D

日本語教師［中堅］対象の研修の方法

　では、セルフ・アウェアネスを引き出す研修にはどのようなものがあるのでしょうか。

　ユーリック（2019: 24-25）は、セルフ・アウェアネスには、「内面的自己認識（internal self-awareness）＝自分で自身をどれだけ把握しているか」と「外面的自己認識（external self-awareness）＝他者からの認識をどれだけ理解しているか」という、二つの大きなカテゴリーがあると主張をしています。その上で、その二つの自己認識の高低を組み合わせたマトリックスによって、「自己認識の4つの原型」を図示しています（ユーリック 2019: 26）。

	外面的自己認識度が低い	外面的自己認識度が高い
内面的自己認識度が高い	**内省者** 自分が何者であるか、よくわかっている。だが、他者からの意見を取り入れることで自分の見方を疑ってみる、あるいは見落としがないか探してみる、ということをしない。これにより、人間関係が損なわれたり、成功に限界が生じたりするおそれがある。	**認識者** 自分が何者であるか、何を成し遂げたいかを知っており、他者の意見も求め、重視する。リーダーはここに至ると、自己認識の真の恩恵を十分に理解し始める。
内面的自己認識度が低い	**探索者** 自分が何者であるか、何を支持するのか、部下からどう見られているのか、まだわかっていない。その結果、自分のパフォーマンスや人間関係に行き詰まりやいら立ちを感じるかもしれない。	**八方美人** 他者にこう見られたいと意識するあまり、自分にとって重要なことを見過ごすおそれがある。そのうちに、自分の成功や充実につながらない選択を下しがちになる。

図18　自己認識の4つの原型

　この原型のうち、一番理想的だと考えられるのが、右上の「認識者」です。そのためには、外面的自己認識度と内面的自己認識度の両方を高める

必要があります。外面的自己認識度を高めるためには、まずは「他者が自分をどう思っているのか／考えているのか」についての情報を収集することが必要でしょう。その方法としては、学習者にインタビューやアンケート調査を実施し、自分の授業や指導方法についてのデータを得ることなどが考えられます。収集したデータの結果が、たとえ自分にとって喜ばしくないものであったとしても、リーダーとして「外面的自己認識度を高めるために、必要不可欠」と受け止める心構えが必要であることは言うまでもありません。

　内面的自己認識度を高める方法として、ここでは以下の研修方法について述べていきます。

　　・ライフヒストリーによる自己理解
　　・エゴグラムと交流分析による自己理解

なお、セルフ・アウェアネスの訳語として「自己認識」という用語が使用されることが多いのですが、本書では「自己理解」という用語を使用します。

1. ライフヒストリーによる自己理解

　國分（1982: 59-79）は、「教師のパーソナリティとしてぜひとも必要なこと」のうちの一つとして、「自分を受け入れること」すなわち「自己受容」を挙げて、以下のように述べています。

　　　自分を受け入れるとは、自己嫌悪をもつなということである。自己嫌悪の強い人ほど他者嫌悪も強いのである。教師は人に接する職業であるから、「人好き」でなくては勤まらない。…教師は、自分が教師であることを受け入れ、教師であることをエンジョイしなければならない。

浅田（1998: 252）も、教師自身の自己受容の重要性について、教師に

よる子どもの受容との関連の中で、以下のように述べています。

　　　教師による自己受容と他者（子ども）受容のあり方によって、子ど
　　もの自己概念に影響する重要な他者としての役割（教師の役割）がど
　　のくらい肯定的に機能するかを決定すると言えるであろう。教師の自
　　己概念のあり方が子どもにどのように影響するかである。それは、こ
　　れからの学校教育のあり方を考えるならば、教師の自己概念は子ども
　　との相互作用のなかでの教授効果の大きな規定因となるのである。つ
　　まり、人間としての教師（教師の自己概念や自己理解）を問題にせざ
　　るを得ないのである。ここに教師の自己概念、すなわち教師が自分を
　　理解するということが求められる。

　國分や浅田の主張は、学習者とインターアクションを行う存在である教
師には、まず「自己理解」「自己受容」が必要で、そこから学習者という
「他者理解」「他者受容」が生じる、という点で一致しています。私もこの
点に関してはまったく同意見です。ここで問題となるのが、「自己理解」
や「自己受容」を、教師の中にどう作り出すのか、という点でしょう。教
師の自己理解を深めるためには、教師としての自分が正しい／正しくな
い・いい／悪いと信じているもの、すなわち「教師ビリーフス」を調査す
る、という方法がとられることが多いと思います。
　教師ビリーフス調査は、「調査票に回答し、自身の回答傾向を認識する」
という形式で実施されます。この方法は、現在の自分自身が大切にしてい
るものやこだわっているものを明らかにするのには役立つのですが、どの
ような過程でそのビリーフスが形成されてきたのか、そしてそれが自分の
授業にどのような形で影響を与えているのかについては、明らかにする機
能を有していません。教師としての自分自身を理解するということは、現
在の自分だけではなく、それまでの成立過程を把握することをも意味する
ものです。
　しかし、教師教育の観点から言えば、教師の自己成長に必要な「自己理
解」「自己受容」を実現するためにはビリーフス調査票の活用だけでは不

十分で、自身の「現在」と「これまで」を各教師が把握する機会の提供が求められるということになります。ここに「教師のライフヒストリー研究」の教師養成・研修における大きな可能性が存在します。

　教師のライフヒストリー研究の導入によって、教師は「他者に自分の内面を語ることで、内面の問題に気づき、自分の過去と未来の行為を再構成」し、自らの「アイデンティティを高める」ことが可能になるのです（小島 2004: 37）。

　横溝（2006b: 167）は、「教師のライフヒストリー研究」を、以下のように定義しています。

　　　教師自身が、自らのこれまでの生い立ちを自分のことばで書きとめたものを、自分で分析することにより、「自己理解」「自己受容」を深めていく方法

教師のライフヒストリー研究の実施方法の一つに、「教師自身が自分自身のこれまでを思い出しながら記述し、それを自分で分析する方法」があります。ある日本語教師 S さんは、この方法を採用し、以下のような記述を残しています（横溝 2006b: 168-171）。

　　　アメリカでの 10 ヶ月ほどの生活は、その後の私の人生に大きな影響を与えるターニング・ポイントだったと言っても過言ではない。留学が始まったころ、私の英語でのコミュニケーション能力は、現在から思うと、限りなくゼロに近かったと思う。英語ネイティブの言っていることがまったく理解できなかったのである（大学入学時は、「どちらからいらっしゃいましたか？」と言いたくても、「Where are you from?」が言えず、「What is your nationality?」と聞いて、外国人から不審がられたことがある）。そんな状態だった自分だが、日本を離れる前に自分に課した「自分との約束」だけは守っていた。その約束とは「留学中は一度も日本語を見ない、聞かない、使わない」というものであった。この約束を守ることは正直かなり大変だっ

た。毎日の日記は英語で書いていたし、同時期に留学なさっていた日本人の方々にも「私とは英語で話していただけませんか？」とお願いしていた（結果、留学中の日本人の友だちは、ほぼゼロになった）。また、家族への手紙も英語で書いていた（後で聞いた話だが、その手紙は、弟が高校の英語の先生に訳してもらい、家族の前で読み上げていたそうだ）。もちろん、日本語の本や歌も、自分の周りには置かないようにした。こんなことを必死で続けていたのにもかかわらず、１ヶ月、２ヶ月経っても、相変わらず英語ネイティブの言っていることは理解困難で、寮で同室だったルームメイトからも「○○○○！」などと、罵声を浴びせられたりもした（そのときはショックだったが、今思うと、狭い部屋の中に意思疎通のできない図体の大きい異国人がずっといるのだから、彼のフラストレーションも頂点に達していたのであろう）。そんな状況でも「自分との約束の遂行」に意地をはって、留学生活を続けていた。そんな中、その時は突然やってきた。留学を始めてから３ヶ月ほど経ったある日、なぜか英語ネイティブの言っていることが大体分かるようになったのである。その日からは、うれしいことに、コミュニケーション上の支障がどんどん消え去っていった。英語で夢も見始めたりして、まさに、DRASTIC CHANGE だった。その日からの留学生活は、それまでにも増して、充実したものになっていった。留学生活が終わるころには、なんとか問題なくコミュニケートできる英語運用力が身についていた（と思っていた）。現在でも「あの時『自分との約束』を守ってよかった」と思っている。（中略）

　Ｚ大での日本語インストラクターとしての生活は、自分が望んで得たものだけに、まさに日本語教育浸けとなった。毎日の授業計画準備、実際の授業、反省という作業は多大な時間を要したが、これにより少しずつでも教師としての経験を積んでいる自分が楽しくて仕方がなかった。しかし、大きな問題が私の前に立ちはだかっていた。私自身は一生懸命であっても、私の学習者の日本語がそれほど上達しているとは思えないのである。「なぜだろう、一生懸命やってるのに。ど

うにかして、この初級の学習者のスピーキング能力をもっと効率的に伸ばすことは出来ないんだろうか」と考えても、いい方法が思いつかない。これまでやってきた教授法を応用しても、問題解決にはつながらない。そんな日々が数ヶ月続いていた。そんな時である、「○○・メソッド」でカリキュラムを再構築しようという動きが、Z大学で始まったのは。

　カリキュラム再構築へ向けての情報収集のため、A先生とB先生による、数日間のワークショップが開催された。ここで見た両先生のパフォーマンス、特にB先生のパフォーマンスは、私にとっては「驚き」の一言だった。私にとっては馴染みのZ大学の日本語学習者が、B先生の模擬授業では、いつもよりはるかに日本語を理解して話しているのである。教師としての、明らかなパフォーマンスの差であった。「この先生のように教えられるようになりたい」という強い気持ちが私の中に生じた（ワークショップが終わった後で、「心の中が、今日の空のように青空になった気がします。頑張ります！」とB先生に突然の決意表明をしにも行った）。ワークショップ終了後、両先生はお帰りになったのであるが、両先生からトレーニングを受けたC先生とD先生がZ大学に日本語教師として赴任してきていた。私は大学に希望を出して、C先生とD先生と共に2年間、○○・メソッドで日本語を教える機会に恵まれることとなった。C先生とD先生とは、学期中ずっと、教え方についての意見交換を行なっていた。出される意見は厳しいものが少なくなく、違う教授法を元々のベースに持っている私にとっては、納得できないものもないわけではなかった。しかしながら、この意見交換を通じて、○○・メソッドで、初級の会話能力を伸ばすコツのようなものを身につけることが出来たように思う。「教え方のコツ」を体得させてくれたC先生とD先生への感謝の気持ちは今でも大きく、彼女たちとの継続的で創造的な意見交換は私にとっての大きな財産である。（後略）

日本語教師Sさんは、以前あるビリーフス調査票に回答した折に、「コ

ミュニケーション能力を効率的に向上させることは必要である」という教師ビリーフスを自分が持っていたことを、上述のライフヒストリー記述後、思い出すこととなったそうです。その時のことについて、Sさんは以下のように記述しています。

　　2002年夏に開催された、あるプロジェクトの打ち合わせで、自分自身がこれまで「いろいろ考えたこと／考えていること」をそのまま真っ直ぐに話し、他のメンバーからの意見やコメントをもらうこととした。それだけではポイントが絞れないので、「自分が日本語教師として大切にしてきたことって何だろう？」という点について考えてみた。結果、私自身が「大切にしてきたこと」と、その理由は以下のようなものであろうという結論が導き出された。
　　　1．コミュニケーション能力を効率的に向上させることは必要である。
　　　　　理由1：留学開始時の自分の英語力
　　　　　理由2：B先生のパフォーマンスに圧倒されたこと（プラス
　　　　　　　　　C先生とD先生との意見交換）

　このような形で、日本語教師Sさんは、「学校における学習者としての体験」と「教師としての体験」が、自身のビリーフスの形成要因であろうと結論付けています。教師による自叙伝的記述が、自己理解につながった例として捉えてよいでしょう。
　教師のライフヒストリー研究の実施に際しては、いくつか配慮すべき問題が存在しています。第1点は、「内省能力の個人差」です。教師のライフヒストリー研究を進める際に、実施する教師は深く幅の広い内省作業に従事していくことになります。しかしながら、内省能力は、誰もがはじめから持っているわけではありません（青木2001: 194）。内省作業に慣れていない教師の場合は、「どこから何を考えたらいいのか分からない」というケースすら起こりかねません。この問題を解決するためには、「メンター（mentor）」からの働きかけなどの、内省能力を育てるための援助

が必要でしょう。

第2点は、「実施する教師への情意面のケア」です。ライフヒストリーを記述するという過程の中で、「理想とは大きく違う自分」「嫌いな自分」等に内省が集中し、自己否定へとつながる場合があります。教師のライフヒストリー研究は、それとは反対の「自己理解」「自己受容」をめざして実施するものです。それ故、自身をネガティブに捉え続ける状態にならないように、情意面での細かなケアが必要とされます。

第3点は、「プライバシーの保護」です。教師のライフヒストリーには、教師自身だけでなく、多くの登場人物が登場します。自分の体験や内面を大きく開示する教師自身だけでなく、詳細にわたる描写がなされることが多い登場人物のプライバシーの保護についても、細心の配慮を忘れてはなりません（横溝 2006b: 171-172）。

教師の成長に必要な「自己理解」「自己受容」が進むよう、教師教育者は日本語教師［中堅］にライフヒストリーを記すことを勧めるとよいでしょう。

2. エゴグラムと交流分析（Transaction Analysis）による自己理解

エゴグラムと交流分析については、第4章で詳しく述べました。エゴグラムと交流分析は、［中堅］段階の日本語教師の自己理解にも応用可能です。

以前の私は、NP（Nurturing Parent: 養護的な親）と AC（Adapted Child: 順応した子ども）が極端に低く、「一番関心があるのは自分のことで、他の人のことにはあまり関心がない」という分析結果だったことはすでに紹介しましたが、この結果は、一教師である私にとって、とてもショックでした。「お前は、学習者のことをちゃんと見ていない」と言われたようなものでしたから。しかし、当時のことを考えてみると、大学院生をしながら日本語を教えていて、心の余裕もあまりありませんでした。「まずは自分」というオーラが、無意識のうちに出ていたのでしょう。オフィス・アワーに学習相談に来る学習者も少なかったように思います。「自分のことをちゃんと見てほしい」という学習者にとっては、とても遠

い存在の教師だったのでしょう。エゴグラムによる分析結果は、こんなふうに自己理解につなげることができるのです。

　しかしながら、自分の性格だからと諦める必要はありません。エゴグラムは自分で成長させることができるからです。不足した CP / NP / A / FC / AC を自分の努力で高めることも可能なのです。例えば、NP と AC を高める具体的な方法は、次の通りです。

　　　［NP を高くする方法］
　　　　　相手の好ましい点をできる限り口にして褒めるようにする。「わかりますよ」「そうでしょうね」と言って同意するなど、相手の気持ちを察することばをかけてみる。忙しい人の仕事を積極的に手伝ってみる。相手の行為に対しては、必ず「ありがとう」とお礼をする習慣をつける。
　　　［AC を高くする方法］
　　　　　相手の立場になって考え、相手を優先するようにする。相手の話をよく聞くことを心掛ける。自分で提案するばかりでなく、少しは相手の提案に従ってみる。

　日本語教師も人間ですから、「なんとなくこの学習者とは合わないな」と感じることがあります。人は「なんとなく合わないな」と感じる時、「性格が違うから」ということばで片付けがちなのですが、教師である以上、それで片付け続けることはできません。ウマが合わない状態は、「自分の期待通りの言動を相手がしない」、そして「相手の期待通りの言動を自分がしない」という、期待のズレによって生じるものです。まずは自分の性格を知ることから始め、学習者の期待を敏感に感じられるよう心掛け、ウマが合わない状態から、少しずつ脱却していきましょう。エゴグラムは、その手助けとなるツールです。
　自分の指導の傾向を把握し、その理由について考えるきっかけとして、教師教育者は以下のようなプリントを活用し、日本語教師［中堅］にエゴグラムを活用することを勧めるとよいでしょう。

自分のエゴグラムをもとに考えてみよう

1. 5つの因子の高低を確認しましょう。高かった／低かった因子に丸をしてください。

高かった因子 （　CP　　NP　　A　　FC　　AC　）
低かった因子 （　CP　　NP　　A　　FC　　AC　）

2. 高かった／低かった因子のプラス面とマイナス面に注目して、自分に当てはまると思うことを書きましょう。

因子名	高低	自分に当てはまっていること
	高・低	
	高・低	
	高・低	
	高・低	
	高・低	

3. ご自分のこれまでの体験を思い出しながら、新人教師を指導する時に、どのような指導を行う傾向にあるのか、そしてそれはなぜなのかを考えて、箇条書きにしてください。

新人教師を指導する時の傾向	その理由

＊各因子の高低のプラス面・マイナス面の情報は、インターネットの活用等で入手してください。

3. 実践の共有

　上掲の日本語教師［中堅］に対する研修の『在り方』の中に、「所属機関・組織を超えて、日本語教育全体に対する視野を養うための実践課題持ち寄り型といった現場の課題に取り組む形式の研修」という文言が含まれていました。日本語教育に携わる者同士で、お互いの教育実践を話しことば、または書きことばで伝え合うという「実践の共有」も、ネットワークの広がりとさまざまなリソースからの学びにつながるという点で、教師としての成長に大きく寄与する研修方法の一つです。

　ここでは例として、「実践持ち寄り会」という実践交流の場を紹介します。実践持ち寄り会では、実践者の当事者性が重視されています（齋藤・金田・浜田 2012: 4）。

　　　私たちは、「その時、その場で起きたことは、その場にいた人が一番よく知っている」という当たり前のことを、大事にしたいと思っています。それぞれの教育・支援の現場は、社会的状況も、教育・学習環境も、その目的も、運営方針も異なる上に、参与する人も異なります。また、昨日と今日、そして明日という時間的経過の中で、全く同じ営みが繰り返されることは決してありません。そのため、たった一度の出来事を直接見聞きできるのは、その現場でその実践に携わるその人だけなのです。（中略）小田（2009）によれば、現場は進行し続ける行為的現実（アクチュアリティ）であり、現場の行為者は、「文化」の文脈に埋め込まれながらも、それを反省的に対象化して、それまでの「文化」を覆すような行為的主体性を発揮し得るそうです。また、現場は、予測不可能であり、偶発の出来事とそこから派生する問題への対処に迫られます。そして、その現場において、人は「当事者」となると言います。こうした営みを、私たちは実践と捉え、その当事者性を重視したいと考えています。「その時、その場で起きたことを、直接見聞きした」実践の当事者が、実践について「丸ごとそのまま」記し、伝え、そして学び合うことが、現場の実践を豊かにする

と期待しています。

　それでは、「実践の共有」はどのような形で進められるのでしょうか。齋藤・金田・浜田（2012: 7-8）は、以下の図を例示し、次のように説明しています。

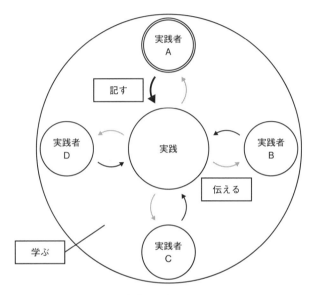

図 19　実践の共有のイメージ

　「実践の共有」のイメージを図にしてみました。実践者 A が自分の実践を、他の実践者 B〜D と共有する場合です。A がまず実践を記し、伝えます。B〜D は、その実践を読み解きます。自身の実践に照らしながら、A の実践について自分なりの解釈を行います。そして同時に、自身の実践を A の実践に照らして意味づけし直します。A は、B〜D からの質問やコメントから、自身の実践について、新たな課題とその解決法のアイディアを得て、次なる実践に挑みます。それにより B〜D の実践が A にも共有されることになります。

上記の説明は、実践の共有が紙面上で行われる場合についてのもので

す。この実践の共有は、もちろん口頭で語り合う方法も有効です。

　このような形で運営されている実践持ち寄り会は、参加者にとってどのような存在なのでしょうか。実践持ち帰り会終了後に参加者が書き込んだ「参加者の声」から、以下のような存在であることが分かっています（文野 2014: 14-16）。

- 教材、教授活動に関する情報やヒントが聞き手に伝えられている。
- 普段あまりやりとりしない人々と触れ合い・話し合ったり、普段より突っ込んだ議論をしたりできる、非日常的な空間・時間である。
- 互いへの「共感」から、「安心感」「満足感」「喜び」が生まれている。

　他者とのやり取りの中で、さまざまな情報を得たり、気づきを得たり、信頼関係が構築されていたりしていることが分かります。「所属機関・組織を超えて、日本語教育全体に対する視野を養う」ことが、実践持ち寄り会によって実現していることが分かります。

　さらに、より大きな「国や地域レベル」での情報共有・学び合い・ラポール形成が、協働実践研究会・池田（2021）で数多く報告されています。

　こういった授業の共有の方法は、日本語教師［中堅］同士だけでなく、日本語教師［初任］同士、日本語教師［中堅］と日本語教師［初任］の間でも行うことができます。研修方法の一つとして、実施してみるとよいでしょう。

今後の展望

日本語教育推進法の成立によって、日本語教師教育はどのような影響を受けるのでしょうか。また、日本語教師養成や研修を受けることで、どのような能力が向上するのでしょうか。本章では、日本語教師教育分野の今後についての展望を述べていきます。

高度人材育成の責務の発生

　第 1 章で、日本語教育推進法の成立に伴い、公認日本語教師という国家資格の創設に向けて検討が進められていると述べました。このプロセスについて、田中（2019: 57-58）は、以下のように述べています。

　　法制化の整備により教師と教育機関の質の担保法制化の議論が活発になったのと並行して、日本語教育者の資格を巡る議論も改めて活性化している。今から 6 年前の 2013 年、文化・審議会国語分科会・日本語教育小委員会の課題整理に関するワーキンググループが発表した、「日本語教育の推進に向けた基本的な考え方と論点の整理について」のなかで、「日本語教育の資格」は 11 の論点の一つとして、すでに提示されている。（中略）
　　そもそも日本語教育能力の判定において、資格制度を検討する目的は二つある。一つは日本語教師の質の向上。もう一つは日本語学校（特に法務省告示校）の質の担保。個人と教育機関という 2 方向から、日本語教育の質を保障する、資格制度を目指すことになるだろう。

　日本語教師の「質の保証」という目的を達成するために、公認日本語教師が国家資格として創設されること、それは「これまで以上に高いレベルの教育能力が、日本語教師に求められるようになる」ことにつながる、と捉えることが可能でしょう。この点に関して、「日本語教育能力の判定に関するワーキンググループ」の委員を務める神吉宇一氏が「現職者を排除する方向で資格制度が検討されているわけではないので、あまり不安視しないでほしい」と述べている一方で、田中洋子氏による「あまりにも簡単に取れる資格では、資格制度を設ける意味がない。その資格を持つ日本語教師の専門性まで疑問視されかねないことを思うと、資格取得には相応の

ハードルがあった方がよさそうだ」（田中 2019: 58）という意見も見られます。今後の慎重な議論の積み重ねにより、資格の制度設計は進められるでしょう。

B

日本語教師養成課程の充実化の要請

「これまで以上に高いレベルの教育能力が求められる」こと、それは「これまで以上に質の高い日本語教師を育てるべきである」という、日本語教師養成機関に対する要請につながることが予想されます。馳浩衆議院議員は、この点に関して、以下のように述べています（古賀 2019: 52）。

（質問）

　人材育成に関連して、現在文化庁のワーキンググループを中心に日本語教師の資格化の議論が進められています。馳さんはかねてより日本語の「教員免許」の必要性を訴えておられますよね。

（馳）

　2008 年に超党派で勉強会を始めたときからずっと、一つのゴールがそこなんですよ。私は、教員免許法を改正して、国語、社会、理科、算数、体育、音楽と同じように、「日本語」科を設置すべきだと言い続けています。日本語教育は、それを必要とする外国人、日系人の皆さんに対して、国策として必要なサービス、いや社会基盤だと考えているからです。ですので、ゴールを教員免許法改正による日本語科設置に向けることに変わりはありませんが、現在進んでいる資格化の議論もまた必要だと感じています。実情としてすでに日本語教師の資格を得るための要件というのがあるわけですから、それをクリアにしておくこと、関係機関の足並みを揃えていくことは大事だと思いますね。

上掲の通り「教員免許法を改正して、国語、社会、理科、算数、体育、音楽と同じように、「日本語」科を設置」するとなると、日本語教員［養成］課程が他教科の教職課程と同じようなデザイン・運営がなされることが予想されます。国内の教職課程では、2019（平成 31）年度以降も「教

職課程を持ち教職免許を出す資格を有する学校である」と文部科学省から認定されるために、2017年に教職課程を持っているすべての大学に書類の提出が求められました。この認定を「再課程認定」と言います。

　教職課程の認定を再び受けるためには、文部科学省（以下、文科省）によって提示された「コアカリキュラム」の事項すべてを、必修・選択必修科目でカバーしなければなりません。例えば、外国語（英語）のコアカリキュラムの中の「各教科の指導法」には、以下の項目が列挙されています。

（1）英語科の指導法
　　① 学習指導要領
　　② 教科用図書
　　③ 目標設定・指導計画
　　④ 小・中・高等学校の連携
（2）生徒の資質・能力を高める指導
　　① 聞くことの指導
　　② 読むことの指導
　　③ 話すこと（やり取り・発表）の指導
　　④ 書くことの指導
　　⑤ 領域統合型の言語活動の指導
　　⑥ 英語の音声的な特徴に関する指導
　　⑦ 文字に関する指導
　　⑧ 語彙・表現に関する指導
　　⑨ 文法に関する指導
　　⑩ 異文化理解に関する指導
　　⑪ 教材研究・ICT 等の活用
　　⑫ 英語でのインタラクション
　　⑬ ALT 等とのティーム・ティーチング
　　⑭ 生徒の特性や習熟度に応じた指導
（3）授業づくり
　　① 学習到達目標に基づく授業の組み立て

②　学習指導案の作成
（4）学習評価
　①　観点別学習状況の評価、評価規準の設定、評定への総括
　②　言語能力の測定と評価（パフォーマンス評価等を含む）
（5）第二言語習得
　第二言語習得に関する知識とその活用

　文科省から2017年に書類の作成依頼が来た時に、私は英語の教職課程の授業を担当し、教職委員会の委員も務めていました。その関係で、再課程認定のための英語学科の責任者として、書類作成を行うことになりました。その時の経験を以下に記します。

　「各教科の指導法」に該当する授業として、「英語教科教育法Ⅰ」「英語教科教育法Ⅱ」「英語教科教育法Ⅲ」「英語教科教育法Ⅳ」「英語教科教育法Ⅴ」という5つの授業がありました。このうち私は、「英語教科教育法Ⅱ」と「英語教科教育法Ⅲ」という2つの授業を担当していましたので、「英語教科教育法Ⅰ」「英語教科教育法Ⅳ」「英語教科教育法Ⅴ」の3つの授業の担当者と、授業内容について話し合う必要が生じました。なぜなら、上掲の事項すべてを、5つの授業でカバーしなければならないからです。話し合いの結果、「英語教科教育法Ⅲ」は、以下のようなシラバスになりました。

授業の到達目標及びテーマ
1．英語教師の役割について説明ができる。
2．教材と学習環境の大切さについて説明ができる。
3．教科書本文の使い方について説明ができる。
4．多様な学習者を受け止め、その多様性への対応の大切さについて説明ができる。
5．学習者との信頼関係づくりの大切さについて説明ができる。
6．教師としての自分の言動をふり返るポイントについて説明ができる。

7．ティーム・ティーチングの行い方について説明ができる。

8．アーティキュレーションの大切さと実現方法について説明ができる。

9．評価の位置づけ・重要性と、テスト作成のポイントについて説明ができる。

10．自律的学習者を育てる方法について説明ができる。

11．学習支援者としての心構えについて説明ができる。

授業の概要

　英語教育の現場で生じる様々な出来事に適切に対処するために必要不可欠な技術・知識について、包括的に講義を行う。

授業計画

第1回：オリエンテーション、教師の役割

　授業の概要を説明し、履修方法や授業の目的、達成目安、評価の内容と方法を理解する。英語教師の役割について、エクササイズと話し合いを通して学ぶ。

第2回：教材と学習環境（1）

　「カード」「小道具」「歌」「視覚教材」「映像教材」について、エクササイズと話し合いを通して学ぶ。

第3回：教材と学習環境（2）

　「辞書」「生教材」「ホワイトボード」等について、エクササイズと話し合いを通して学ぶ。

第4回：教科書本文の使い方

　中学校・高等学校の教科書を分析し、その使い方について、エクササイズと話し合いを通して学ぶ。

第5回：多様な学習者の理解

　「多様性」「個人の特性」「学習習慣」について、エクササイズと話し合いを通して学ぶ。

第6回：多様な学習者への対応

「教師への期待」「学習目的」について、エクササイズと話し合いを通して学ぶ。

第7回：学習者との信頼関係づくり（1）
「名前を覚える」「指名の仕方の工夫」「アイ・コンタクト」について、エクササイズと話し合いを通して学ぶ。

第8回：学習者との信頼関係づくり（2）
「最初の授業」「学習者間のトラブル」「学習者との線引き」について、エクササイズと話し合いを通して学ぶ。

第9回：教師の言動の振り返り（1）
「姿勢」「立ち位置と体の向き」「ジェスチャー」「表情」「声」「口ぐせ」について、エクササイズと話し合いを通して学ぶ。

第10回：教師の言動の振り返り（2）
「説明」「媒介語使用」「指示」「問い」「ことばがけ」「フィードバック」等について、エクササイズと話し合いを通して学ぶ。

第11回：ティーム・ティーチングの行い方、アーティキュレーション
ALT とのティーム・ティーチングの仕方、及びタテとヨコのアーティキュレーションについて、エクササイズと話し合いを通して学ぶ。

第12回：評価（1）
評価の妥当性・信頼性・実施容易性について、エクササイズと話し合いを通して学ぶ。

第13回：評価（2）
テストの作成方法について、エクササイズと話し合いを通して学ぶ。

第14回：自律的学習者を育てる方法
自ら学ぶ学習者を育てる具体的方法について、エクササイズと話し合いを通して学ぶ。

第15回：学習支援者としての心構え、まとめ
学習支援者として教師が持つべき心構えについて、エクササイズ

と話し合いを通して学ぶ。この授業のまとめを行う。
定期試験（レポートを提出する）

テキスト
　『クラスルーム運営』横溝紳一郎（くろしお出版）

参考書・参考資料等
　『英語授業ハンドブック・中学校編』金谷憲他（大修館書店）、『英語授業ハンドブック・高校編』金谷憲他（大修館書店）、『Q&A 中学英語指導法事典』樋口忠彦・高橋一幸（教育出版）、『英語教師のための文法指導デザイン』田中武夫・田中知聡（大修館書店）、『英語授業への人間形成的アプローチ』三浦孝（研究社）、『生徒の心に火をつける』横溝紳一郎他（教育出版）、『〈英語〉授業改革論』田尻悟郎（教育出版）ほか。

学生に対する評価
　期末レポート（50％）、毎回の授業の最初に提出する宿題（25％）、毎回の授業の最後に提出するふり返りシート（25％）により評価する。

　次に作成したのは、各回の授業が「各教科の指導法」のどの項目をカバーする授業なのかを示す資料です。1行目、2行目の数字は、それぞれ「各教科の指導法」（本書 pp.167-168）と対応しています。

表 9　英語教科教育法 III の到達目標／授業回対応表

項目 授業回	(1)				(2)														(3)		(4)		(5)
	①	②	③	④	①	②	③	④	⑤	⑥	⑦	⑧	⑨	⑩	⑪	⑫	⑬	⑭	①	②	①	②	①
1	○																		○				
2															○								
3															○								
4		○			○	○	○	○	○														
5														○					○				○
6																			○	○			
7																○			○				
8														○					○				
9							○												○				
10							○												○				
11				○												○							
12																					○	○	
13																					○	○	
14								○											○				
15	○																		○				

　この表では、コアカリキュラムで定められた「到達目標」のそれぞれが、「英語教科教育法 III」の授業の何回目で取り扱われるのかが明示されています。到達目標の 23 項目すべてが、「英語教科教育法 I」「英語教科教育法 II」「英語教科教育法 III」「英語教科教育法 IV」「英語教科教育法 V」という 5 つの授業の中ですべて網羅されていることが必要ですので、「○」のついていない到達目標は、他の授業でカバーしなければなりません。結果として、全 15 回の授業のほぼすべてが、いずれかの「到達目標」を実現するための授業として組まれることになります。

　「コアカリキュラムの事項全てを、必修・選択必修科目でカバーする」

ことで再課程認定を受けることができるのですから、どの大学も「コアカリキュラムの事項を、もれなく到達目標として掲げ、シラバスを作成し、実際の授業もシラバスに忠実に行う」ことをめざすようになりました。

　この方式が採用されたことによって、教職課程の「スタンダード化」が進んだと私は思っています。そしてこの方式が、近い将来きっと、日本語教師養成課程にも採用されると予想しています。その兆候は、文化庁国語科から2019年9月に発出された「日本語教師養成課程または講座に関するアンケート調査」の中の問9で、「『日本語教師【養成】における教育内容（3領域5区分16下位区分順の必須の教育内容）』の各項目に、必修科目／選択・必修科目／選択科目の授業で、現在どの程度対応できているのか」に対する回答を、各養成機関に求めたことにも表れています。公認日本語教師という資格の創出は、こんな形で日本語教師養成課程のスタンダート化につながっていくでしょう。

日本語教師の養成・研修が生み出すもの（社会人基礎力）

　日本語教師の養成や研修を受けることにより、どのような能力が向上するのでしょうか。まず考えられるのは、「（日本語の）授業力」や「日本語力」などでしょう。ここでは、それ以外の「社会人基礎力」について、述べていきたいと思います。

　「大学4年間の日本語教師養成課程を修了したにもかかわらず、日本語教師としての就職をめざさない学生が少なくない」という指摘がなされています（北出 2017, 有田 2019 等）。私が指導してきた日本語教師養成課程修了者も、全員が日本語教師になるわけではなく、卒業後は日本語教育以外の分野で就職をしていく学生が多いですし、このことはきっと全国的な現象ではないかと思っています。将来の進路を決めるのは学生自身ですし、各学生の進路選択は尊重すべきだと私は考えています。と同時に、日本語教師にならない学生たちにも、「日本語教師養成課程で学んでよかった！」と思ってもらえるように工夫しながら、授業をデザイン・運営してきました。そんな中、2016 年の春先に、日本語教育実習を終えて4年生になった数人の学生から、ほぼ同時期に言われたことばがあります。それは、

　　　「先生、日本語教育の勉強、就活にめっちゃ役に立ちます！」

ということばでした。「日本語教師を職業として選択しない学生の就職活動に役立つ」という副産物があるとしたら、それは素晴らしいことです。それ以降、社会人基礎力の向上を意識しながら、日本語教師養成課程の授業をデザイン・運営するようになりました。

　日本の社会において社会人基礎力が求められるようになったのは 2006 年以降です。これまでの工場で働く「工業社会」から、情報や知識が重視される「情報知識基盤社会」へと変化を遂げた 21 世紀では、求められる

能力も自ずと変化しています。工業社会においては、工業による生産を安定化するために機械のような単純作業を、淡々とこなすことができる人材が必要とされてきました。しかし、現在の情報知識基盤社会では、デジタル技術や人工知能（AI）、ロボット等の技術が進歩し、それらの技術を搭載した情報機器の普及によって、個人の知識量の価値は著しく下がっています。あらゆる情報で溢れかえっている世の中で、本当に必要な情報を的確に選び出し、それらを吟味した上で、問題解決や上手な人付き合いができる人材が現代では求められているのです。変化の激しい現代では求められる能力も多種多様で、企業と学生の間で資質・能力の認識の差が生じているのも事実です。このことが問題視され、世界レベル、もしくは国家レベルで共通の認識を得るために、21世紀に求められる能力を明確化するさまざまな試みが行われてきました。国際的な取り組みでは、OECD（経済協力開発機構）によって提唱されている「キー・コンピテンシー」や国際団体ATC21Sによって提案されている「21世紀型スキル」といった事例があります。

　このような背景があり、日本国内でも「21世紀に求められる能力の明確化」が試みられるようになりました。例として、内閣府の「人間力」、厚生労働省の「就職基礎能力」、経済産業省の「社会人基礎力」、文部科学省の「学士力」などがあります。社会人基礎力は、「社会が求める力とは何か？」の明確化をめざすもので、「会社に入る際には、このような力を持っていてほしい」という、いわば雇い側の要望のようなものです。

　「社会人基礎力」は、「前に踏み出す力」、「考え抜く力」、「チームで働く力」の3つの能力（12の能力要素）から構成されており、「職場や地域社会で多様な人々と仕事をしていくために必要な基礎的な力」として、2006年、経済産業省によって提唱されたものです。社会人基礎力が提唱された後、これに関するテキストやワークブックが数多く出版されました。山崎（2012: 11）は、社会人基礎力の分類について、以下のように説明しています。

　　　経済産業省が提唱する「社会人基礎力」とは。3つの能力、12の

要素から構成されており、以下のように定義されています。これらは、個別に強化したり発揮したりするものではなく、複数の力が密接に関係しています。明確に区分できず、重なり合う部分もあります。例えば、主体性を発揮するには、働きかけ力や実行力も同時に必要ですし、その逆も言えます。（中略）社会人基礎力全体を理解するための便宜上の分類程度に考えてください。

山崎（2012）による分類を表にすると、以下のようになります。

表 10　社会人基礎力　3 つの能力と 12 の要素

分類	能力要素	内容
前に踏み出す力 （アクション）	主体性	物事に進んで取り組む力
	働きかけ力	他人に働きかけ巻き込む力
	実行力	目的を設定し確実に行動する力
考え抜く力 （シンキング）	課題発見力	現状を分析し確実に行動する力
	計画力	課題の解決に向けたプロセスを明らかにし準備する力
	創造力	新しい価値を生み出す力
チームで働く力 （チームワーク）	発信力	自分の意見をわかりやすく伝える力
	傾聴力	相手の意見を丁寧に聴く力
	柔軟性	意見の違いや立場の違いを理解する力
	状況把握力	自分と周囲の人々や物事との関係性を理解する力
	規律性	社会のルールや人との約束を守る力
	ストレスコントロール力	ストレスの発生源に対応する力

2016 年以降、学生たちは毎年のように「先生、日本語教育の勉強、就活にめっちゃ役に立ちます！」と言ってくれるので喜んでいたのですが、社会人基礎力のどの力が伸びたのかを具体的に知りたくなり、2019 年度の日本語教育実習修了直後に、実習生 12 名に以下のプリントを配布し、アンケート調査を実施しました。

日本語教育実習アンケート調査（2020.1.9）

氏名：＿＿＿＿＿＿＿＿＿＿＿＿＿＿＿＿＿＿＿＿＿

A．1年間の日本語教育実習を通して、「**社会人基礎力**」の12の能力要素は、<u>どのくらい伸びた</u>と思いますか。各能力要素別に「○」をつけてください。

1．主体性（物事に進んで取り組む力）

```
       1      2      3      4      5      6      7
       | ----- | ----- | ----- | ----- | ----- | ----- |
   Not at all              neutral            Very much
```

2．働きかけ力（他の人に働きかけ、他の人を巻き込む力）

```
       1      2      3      4      5      6      7
       | ----- | ----- | ----- | ----- | ----- | ----- |
   Not at all              neutral            Very much
```

3．実行力（目的を設定して、それを実行に移す力）

```
       1      2      3      4      5      6      7
       | ----- | ----- | ----- | ----- | ----- | ----- |
   Not at all              neutral            Very much
```

4．課題発見力（現状を分析して、目的や課題を明らかにする力）

```
       1      2      3      4      5      6      7
       | ----- | ----- | ----- | ----- | ----- | ----- |
   Not at all              neutral            Very much
```

5．計画力（課題の解決へのプロセスを明らかにして、その実現に向けた計画を立てる力）

```
       1      2      3      4      5      6      7
       | ----- | ----- | ----- | ----- | ----- | ----- |
   Not at all              neutral            Very much
```

6．創造力（新しい考えやアイデアを生み出す力）

```
           1        2        3        4        5        6        7
         | ------ | ------ | ------ | ------ | ------ | ------ |
         Not at all                 neutral                Very much
```

7．発信力（自分の言いたいことを、他の人に分かりやすく伝える力）

```
           1        2        3        4        5        6        7
         | ------ | ------ | ------ | ------ | ------ | ------ |
         Not at all                 neutral                Very much
```

8．傾聴力（他の人の意見を丁寧に聴く力）

```
           1        2        3        4        5        6        7
         | ------ | ------ | ------ | ------ | ------ | ------ |
         Not at all                 neutral                Very much
```

9．柔軟性（他の人との意見の違いや立場の違いを理解する力）

```
           1        2        3        4        5        6        7
         | ------ | ------ | ------ | ------ | ------ | ------ |
         Not at all                 neutral                Very much
```

10．情況把握力（自分と周りの人々との関係性や、自分と物事の関係性
　　を理解する力）

```
           1        2        3        4        5        6        7
         | ------ | ------ | ------ | ------ | ------ | ------ |
         Not at all                 neutral                Very much
```

11．規律性（ルールや人との約束を守る力）

```
           1        2        3        4        5        6        7
         | ------ | ------ | ------ | ------ | ------ | ------ |
         Not at all                 neutral                Very much
```

12．ストレスコントロール力（ストレスの原因となっていること／もの
　　に対応する力）

```
           1        2        3        4        5        6        7
         | ------ | ------ | ------ | ------ | ------ | ------ |
         Not at all                 neutral                Very much
```

B.「**とても伸びた**」と思っている能力要素を 2〜3 つ選んで、教育実習のどんな場面／体験でその能力が伸びたのかについて、具体的に詳しく書いてください。

[とても伸びた能力要素①]　=＿＿＿＿＿＿＿＿＿＿＿＿＿＿＿
　能力が伸びた教育実習の場面／体験

[とても伸びた能力要素②]　=＿＿＿＿＿＿＿＿＿＿＿＿＿＿＿
　能力が伸びた教育実習の場面／体験

[とても伸びた能力要素③]　=＿＿＿＿＿＿＿＿＿＿＿＿＿＿＿
　能力が伸びた教育実習の場面／体験

各構成力の伸びの平均は、以下のような結果になりました。

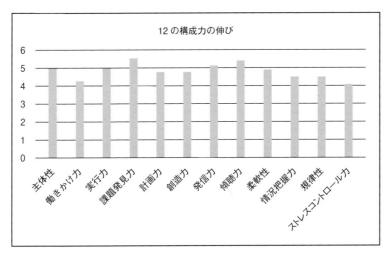

図 20　実習後の各構成力の伸び

また、各実習生（A〜L）の伸びの実感は、以下の通りでした。

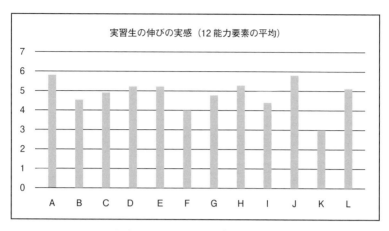

図21　各実習生別の伸びの実感（A〜Lは実習生）

　自由記述の結果は、以下の通りでした（記述がなかった項目は省略）。

働きかけ力（他の人に働きかけ、他の人を巻き込む力）

　　［自由記述：記述数＝1］

　　・授業の準備の際に、一人で考え込んだりするのではなく、周りの人
　　　の意見等を聞く。（I）

実行力（目的を設定して、それを実行に移す力）

　　［自由記述：記述数＝5］

　　・教案や教材をいつまでに終わらせるのかを決め、それまでにどう終
　　　わらせるかを計画して実行することができました。（A）

　　・実習の中で、学習者にこういうことをして学んでほしいという目的
　　　を立てて、それに到達するためにどんなことをするのか、どんなも
　　　のがいるのかを考えて、実行した場面。（D）

　　・学習者全員の目をきちんと見て（アイコンタクト）、授業に取り組
　　　むよう努めました。第3回目の授業では、緊張も少しありましたが、
　　　が、指名した学習者の顔をしっかり見て進めることができました。
　　　（E）

・ここまではしたい、ここまでできるようになりたいと決めて、それに向けて効率的に実行できた。具体的に分かりやすく説明するために写真を使うなど、教材準備を楽しめた。（F）
・前回の授業で「もっとできたな〜！」と思ったところ等を、次の目標にして、教案に赤字で書き込んだりして、克服に取り組みました。（J）

課題発見力（現状を分析して、目的や課題を明らかにする力）
　［自由記述：記述数＝4］
・授業を終えた後の反省会や自分で授業をふり返ることで、自分に足りない部分や課題に気づき、次にどう活かすか考えることができた。（A）
・教案を作るときに、自分が抱えている問題をまずは考えないと、教案が書けないと気付いた。今、何が足りていないのか、できていないかを考えて、できていないところはできるようにするための解決策を考えた。（F）
・DVDや同級生の授業を観ている時（G）
・1回目の授業が模造紙などで時間を取ったので、2回目から工夫して、「剥がす」使い方にしました。（J）

計画力（課題の解決へのプロセスを明らかにして、その実現に向けた計画を立てる力）
　［自由記述：記述数＝3］
・教案作りから授業まで、いつまでに何を作ってという計画を立てた時。授業でも、何時までに何をしてという、進行の計画を立てたとき。（D）
・教案や教材を作り、それを練習するとなると、時間がとてもかかった。それで、時間に余裕を持って取り組むようにした。（H）
・「うまくいかなかったことを改善して取り組もう！」を考えたり準備したりしたこと。例えば模造紙の移動方法など。（L）

創造力（新しい考えやアイデアを生み出す力）

　　［自由記述：記述数 = 2］

　　・ロールプレイ（結婚がテーマ）のウォーミングアップをする時に、今までにしたことがなくて学習者が興味を持ってくれそうな内容をしたかったので、心理テストを選んだ。（C）

　　・教案作成時や教材作りの時（G）

発信力（自分の言いたいことを、他の人に分かりやすく伝える力）

　　［自由記述：記述数 = 6］

　　・説明する時に、分かりやすい文章にしたり短い文章で伝えたりするように努めた。（B）

　　・後期の授業で初級の学習者たちに対して話しているうちに、なるべく短い文を使って話すと分かってくれることに気づいた。（C）

　　・実習授業で、ことばの説明や解答の説明をする時。また、大学の授業の中で、自分の意見を言う場面。（D）

　　・初級の人に日本語で説明する時、自分なりに簡単だろうと解釈して考えた言葉が、まだ難しい言葉だったりして、伝わらないことがあった。分かっている単語を調べて、区切って読んだり、文を短くするなどの工夫をした。（F）

　　・教案を考える時に、どのような言葉が一番しっかり伝わるか、どのような姿勢で言えばしっかり聞いてくれて内容が伝わるかなど、たくさん考えたこと。文を短くまとめながら、学習者とコミュニケーションするように心がけたこと。（H）

　　・授業を経験することで、どうすれば自分の言いたいことをそのままの意味でしっかり伝えられるかを考えたこと。（I）

　　・授業で何をやりたいのか、どういう風にしたら伝わるのか、学習者に対してもそうだけど、一緒に授業をする仲間にも、「自分は何をしたいのか」を伝えようと頑張った。（L）

傾聴力（他の人の意見を丁寧に聴く力）

　［自由記述：記述数＝3］

　　・3回の授業を通して、傾聴力がかなり上がったと思います。学習者
　　　が一生懸命に話そうとしていることに耳を傾け、何を伝えたいのか
　　　を理解しようと試みて、授業の中でもディスカッションの中でも、
　　　それができました。（E）

　　・授業の感想を共有したり、話し合ったりする場が多かったから（G）

　　・私の質問に対して学習者が答えようとしている場面で、答え終わる
　　　まで待っていました。学習者に好感を持ってもらえるように、話し
　　　方を工夫してみました。（K）

柔軟性（他の人との意見の違いや立場の違いを理解する力）

　［自由記述：記述数＝1］

　　・教案等をペアで作るときに、意見の違いはもちろんあったけど、相
　　　手の意見を聞いたりした時に、「こういう考えもアリだな」と思え
　　　たこと。（L）

情況把握力（自分と周りの人々との関係性や、自分と物事の関係性を理解
する力）

　［自由記述：記述数＝1］

　　・○さんとペアになった時に、どう動けば効率がいいかを考えた。ま
　　　た、時間を調節するために、これは省けると考えながら、授業を進
　　　めることができた。（B）

ストレスコントロール力（ストレスの原因となっていること／ものに対応
する力）

　［自由記述：記述数＝1］

　　・授業ができないんじゃないかと不安でした。教師は話すことが主な
　　　仕事の一つなのに、私は話すことが苦手です。「話している途中で
　　　自分の心が折れてしまうと、成長できない」と自分に言い聞かせ

て、「自分はできる」と思い込んだり、たくさんの練習をこなしたりしていくうちに、だんだん慣れてきました。大変でしたが、頑張れば少しずつできるようになることを、実習授業を通して気づくことができました。(K)

　図22でKさんの値が低かったので、後でご本人に確認してみたところ、「もともと人前で話すことが苦手でした。教育実習はそんな私を変えるいい機会だと思って、一生懸命頑張りましたが、うまくいかないことも多かったです。でも、頑張れば少しずつできるようになることが分かりました」と答えてくれました。もう一人の自己評価が低かったFさんは、「できるようになったことも多かったですが、まだまだです」とのことでした。

　わずか12名の実習生の回答に基づく小規模かつ緻密でない調査ですが、この調査結果は「日本語教育実習のどんな場面で、実習生はどのような学びをするのか」を私に教えてくれました。今後の指導に活かしていけたらと思っています。

写真3　「3年間の学び」報告会後、研究室にて（2020.1.23）

第7章　今後の展望

D

教師教育とは

　本書のタイトルは『日本語教師教育学』です。○○学と言うからには、それにふさわしい「哲学」が必要だと思いますので、ここで、筆者にとっての「教師教育とは何か」を、自分のこれまでの経験を踏まえて考えてみることにします。

　日本語教師教育に主とした仕事として初めて取り組んだのは、日本語教師養成課程の主専攻があるH大学でした。その頃の授業や指導を思い出してみると、「日本語の先生になるには、これとこれとこれとこれの知識が必要で、それをできるだけたくさん伝えないといけない」や、「技術としては、これとこれとこれとこれが必要で、それらをできるだけ早く身につけさせないといけない」などと考えていたようです。熱意はたっぷりあるものの、それらを受け入れ消化し自分のものにする十分な時間的・心理的余裕を、学生や院生に与えていませんでした。たとえて言うなら、「押しが強い店頭販売員」、または私の趣味のマラソンで考えれば「マイペースで急ぎすぎるペースメーカー」のようなものだったと思います。

　そんな私ですが、たくさんの体験を経て現在は、教師教育に必要なことは、「相手（養成課程の学生や初任の先生方）が成長できるような環境を提供すること」、そして「相手の可能性を信じながら待つこと」ではない

かと考えています。前者の「成長できるような環境の提供」ですが、本書で紹介した養成や研修の具体的方法がそれに当たりますので、ここでは、後者の「可能性を信じながら待つ」について述べていきます。「可能性を信じながら待つ」ことは、実はそんなに容易いことではありません。このことについて、近藤（1993: 21）は以下のように述べています。

　　けれども、「待つ」というようなことで親や教師がつとまるのだろうか、と思われる方も多いかもしれません。その時どきに親として、教師として、「何をすべきか」「何がしてあげられるか」を考えて行動しなければならないのではないか、と思われる方が多いかもしれません。すべきことをする＝そのすべきことが何であるかを知りたい、してあげられるようになりたい＝そのための知識や技術などを身につけたい、ということを熱心な親や教師ほど思うかもしれません。

　この気持ちは、H大学で教師教育を行っていた当時の筆者の気持ちと一致しています。「何とかしてあげたい」という思いが強く、熱意の押し売り状態だったのかもしれません。

　では、「待つ」ことが苦手だった当時の私のような人間は、どのような心構えを持てばよいのでしょうか。この問いへの回答として、少し長いですが、近藤（1993: 21-25）を紹介します。

　　では、「待つ」ということを、「すべきこと」「してあげられること」の中に入れてみることはできないものでしょうか。実は、「待つ」ことは教育的なかかわりの土台なのです。子どもたちは、ときに静かに、ときに激しく成長しています。一つ一つのことが、すべてその子の人生のプロセスであり、一場面なのです。

　　子ども自身が自分の問題としてすべきことを決定していくのですから、紆余曲折、悩みながらの歩みになるかもしれませんが、子どもはその中でこそ自分の道を探し、つくりあげ、成長していくものです。教育にたずさわる者は子どもの成長をじっと見守る決心がなくてはな

りません。そこに、「待つ」ということが出てくるのです。（中略）

　「待っていたら間に合わない」と思われるかもしれません。もう少し「待つ」ということについて考えてみましょう。それは相手に対する姿勢のことで、何もしないでいるということではありません。黒坂さんの詩の花と話をしている子どもが崖から落ちそうになったら、声をかけたり手を伸ばすのは当然でしょう。星を数えている子どもが寒くてクシャミをしているようなら、そっとマフラーを巻いてあげるのも当然のことでしょう。

　「待つ」というのは、急がなくてもいい、君の歩き方、君の生き方でやってごらんという姿勢のことなのです。むしろ、相手の自発的な成長を援助するようにかかわっていくことが必要です。どうすることが援助になり、どうすることが援助にならないのかをわかって、具体的な方法も身につけていかなければなりません。「待っていたら間に合わない」とお考えになる方も、実は、何をどうすることが子どもにとってよいことなのかをお知りになりたいのではないでしょうか。（中略）

　生徒が自分自身を見つめ、高めて、自分の人生をどのようにつくっていくか、社会にどのように貢献していくかを見きわめられるようにしていくことが教育の本来の目的です。そのために、親や教師は知識と思考、判断力、情緒性、徳性、意志力、行動力、体力、技術の習得など全人的に成長してほしいと望んでいます。

　その達成のためには、親と子、教師と生徒の長い年月のかかわりが必要になります。その間、コミュニケーションがうまく成り立っていなくては、伝えたいことが相手の心の中に入っていきません。「待つ」ことを続け、援助を続けて、最後には子ども自身に選択させ、決定させていくことが教育にたずさわる者のとるべき姿勢なのです。

　筆者の体験上、こういった「待ち」の心構えを持って接すると、養成課程の学生や初任の先生方は、ご自身のペースでどんどん成長していくようです。教師教育者ができるのは、「少しゆったりした気持ちで、『きっとで

きるから大丈夫』という思いを持って、しっかり見守る」ということだと思います。個人的には、「語りかけながら水やりをして、花を育てる」ようなイメージを持っています。

　このような教師教育者の心構えは、「教師のSOS状態」（横溝・山田（2019: 283）を意識的に回避することで得られます。

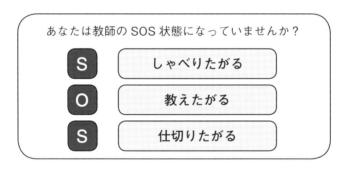

　教師教育者の心構えについての考えを述べてきましたが、育成される側（養成課程の学生や初任の先生方）の気持ちも心に留め置いていなければならないでしょう。中嶋洋一氏は、学習者が3つのKを求めていると主張しています（中嶋・坂上・高橋・中山・宮崎 2021: 13）。

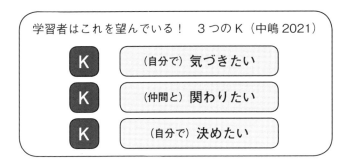

　この３つの K を望むのは、養成課程の学生や現場の先生方も同様だと思います。日本語教師の養成・研修をデザイン・運営する時は、この３つの K を忘れずにいたいものです。

終　章

　ここまで、日本語教師の養成・研修について、理論面や具体的実施方法など、さまざまな観点から論じてきました。現在は、教師教育者として、主に日本語教師の養成・研修に主に関わっている私ですが、もともとは現場で日本語を教える一教師でした。大学院の修士論文のテーマは CLL（Community Language Learning）、博士論文のテーマは日本語学（「思う／思っている」の主観性）ですので、教師教育を誰かから体系的に学んだことはありませんし、いわゆる「お師匠さん」もいません。その時その時で、無我夢中で「○○について教えていただけませんか」という形で、その分野の先輩方に直接教えていただく、といった体験の積み重ねで、いつの間にか「教師教育」が私の専門になったという感じです。そこで、最後に私がどのようなプロセスで教師教育者になってきたのか、ライフヒストリーを記してみたいと思います。

　　私が教師教育に初めて携わったのは、おそらく 1989 年 4 月だったと思う。Z 大大学院を卒業後、しばらく故郷の高校で英語の常勤講師をしていた時に K 大学に声をかけていただき、日本語教師養成課程を立ち上げることとなった。Z 大学大学院で履修した授業の内容を思い出しながら、日本語教師養成課程のカリキュラムを作成し授業をしていたのであるが、満足感が得られない日々が続いていた。前期が終了し、ある仕事で函館に行くことになった。10 日間ほどの仕事で、午前中は日本語教育学についての授業を行い、午後は自由な時間を持つことができた。この自由時間を活用して、自分が満足感を得られない理由をいろいろと考えてみた。その結果、「自分は、書籍などで紹介されていることを、ただそのまま養成課程の学生に伝えているだけではないのか」と考え始め、「そもそも自分には、他の人に日本語の教え方を教えられるだけの知識もスキルも圧倒的に不足している」という結論に至ることとなり、「今の自分では、このまま日本語教師養

成に携わってはいけない。何より授業を受けてくれている学生たちに申し訳がない。『修行』が必要だ！」との思いが強くなった（この思いを持ったのは、夜明け直前の函館山の展望台だった。イカ釣り漁船が港にたくさん帰ってきていた）。そして、日本語教師としての経験を積み上げるために、Ｋ大学に辞表を提出し、Ｚ大学でインストラクターとして日本語を教えることとなった。

　Ｚ大学では、「〇〇・メソッド」によるカリキュラム再構築の中で、初級の会話能力を伸ばすコツのようなものを、少しずつではあるが身につけることができたと思う。そんな中、1991年の8月と1992年の8月に、日本の4つの大学の海外日本語教育実習の「現地受け入れ担当者」の役割を果たすこととなった。約一ヵ月ほどの実習期間中、何度かＺ大での私の授業を観察していただいたり、初級学習者の会話能力を伸ばすための活動についての講義を行ったりした。Ｋ大の日本語教師養成課程で授業を行っていた時に比べると、教え方に関してずいぶん具体的に話ができるようになっていた。『修行』の成果が出たようで、とても嬉しかったのを覚えている。

　Ｚ大での日本語インストラクターとしての仕事は、毎日が新たな発見の連続で、「一生続けていきたい」と思えるほど、とても楽しくてエキサイティングなものだった。しかしその一方で、「楽しいからといって、このままこの状態を続けていいのかな」という思いも持っていた。そんな時、参加した外国語教育の学会や研究会で、「あれっ、大学等のいわゆる研究者と、現場の先生方の間には、大きな距離があるみたいだな」と思うようになった。研究者側からは「現場の先生方には、以前から慣れ親しんだ教え方を繰り返すだけの人が多い」、現場の先生方からは「いわゆる研究者は、教えたことがない／教えることができない人が多い。机上の空論ばかりじゃないか」という声を聞くことが少なくなかったのである。その時、直感的に「これはどげんかせないかんやろ！（「これはどうにかしないといけないな」の博多弁）」と思い、「では、どうすれば、この事態に対処できるか」と考えるようになった。「自分は現在、日本語インストラクターだから、現

場の先生方のサイドにいる。まずは研究者サイドに入って、そこから両者の真ん中に立つことができれば、この事態に対処できるんじゃないか」と思いつき、大学や大学院で日本語教育についての授業を担当できるように、「博士号」の取得をめざすことにした。

　博士号の取得をめざす大学院としては、Z大学大学院を選択することに決めていた。なぜなら、同大学で日本語インストラクターをしていた私は、「授業料免除」という特典があることを知っていたからである。Z大大学院の中で、教育分野の研究者サイドに入ることをめざしていたので、まずは「教育学研究科」への入学を考えた。そのことについて、教育学研究科のある教授のところに面談に行くこととなった。これまでの経歴や興味のある分野などについて和やかに話が進んでいた時に、彼女が急に切り出した。それは「アメリカの大統領の名前を、初代から現大統領まで言える？」という質問だった。当然言えるわけもなく、「いいえ」と回答すると、彼女は「じゃあ、修士号取得から始めようか」と続けた。この面談後、「修士課程からまた始めると、時間がかかるなあ。それじゃあ、『真ん中に立つ人間』になるまでかなりの時間がかかってしまう…」と考えるようになり、教育学研究科は諦めて、修士号を取得した東アジア言語文学科で博士号取得をめざすことにした。

　東アジア言語文学科の博士課程では、日本語インストラクター半分、大学院生半分の生活を送っていた。大学院生として博士論文のテーマ設定等に苦しんでいた時に、ある教授に「横溝さん、あなたはいつも教育現場ではどうするんだ？と考えるクセがあるけど、そのクセを持ち続けていると、博士号はなかなか取れないよ」とアドバイスされた。ショックだったが、よく考えてみると、「日本語教育分野で博士号を取得した人は（当時は）まだ出ていない」ということに気が付いた。私の場合、「真ん中に立つ人間」になることが博士号取得の主目的だったので、「それなら、大学院博士課程での研究、そして博士論文執筆にあたっては、日本語教育現場のことは封印しよう！」と心に決めた。その結果、博士論文のテーマが日本語教育そのものとは

直接関係のないものとなった。

　博士論文取得に向けての研究では日本語教育を封印していたものの、日本語インストラクターとして日本語を教えている時間は、私にとってかけがえのない時間だった。二足の草鞋に加えて、色んなことにもチャレンジした。その一つが、Z大学大学院の日本語教育実習プログラム開発のアシスタントを（半ば押しかけで）務めたことだった。このプログラムには、「大学院の日本語教育実習授業」と「大学の日本語授業」がリンクしている、という特徴があった。具体的には（1）大学院生が交代で、一クラスの日本語の授業（月〜金曜日の50分授業）を一学期を通して担当する、（2）日本語実習担当のHI先生は、週一回の講義（金曜日15:00〜17:30）に加えて、教案・教材作成の指導をし、授業後のフィードバックセッションにも参加する、というシステムだった。私は、教案・教材作成のお手伝いや授業観察に加えて、ティーチング・ポートフォリオ（Teaching Portfolio）を活用した報告書の作成に携わった。同プログラムにアシスタントとして関わったことで、日本語教育実習のデザイン・運営について、たくさんの知識を得ることができた。

　Z大学大学院博士課程を修了する少し前に、東アジア言語文学科の隣にある第二言語習得研究科の授業を聴講した。C教授による授業は、履修者の半分以上が英語教師としての体験を持っていて、非常に実践的だった。学期も半ばに差し掛かった頃、C先生の依頼で、日本でALT（Assistant Language Teacher）の経験のある履修生7名を対象に、CLL（Community Language Learning）の授業を日本語を目標言語として行った。その他にもさまざまな内容が毎回の授業で取り上げられていた。その授業の中で出合ったのが、アクション・リサーチ（Action Research）である。

　Z大大学院博士課程修了後は、日本に帰国しN大学で日本語を教えることになった。N大学での授業が始まってからしばらくして、ST先生が、ある飲み会で「横溝君は器用だから、何でもできちゃう。でも気をつけないと、器用貧乏にもなってしまう。ここにいる間

に、○○と言えば横溝！というものを見つけなさい」とアドバイスを
くださった。「それもそうだな」と思った私は、Z大学大学院時代に
取ったC先生の授業の内容と、アシスタントをしていた日本語教育
実習のことを思い出し、N大学で同じ日本語レベルの授業を担当し
ていた先生たち３名と一緒に、アクション・リサーチとティーチン
グ・ポートフォリオを始めることにした。アクション・リサーチも
ティーチング・ポートフォリオも、Z大学大学院での授業で得た情報
に基づいて「見切り発車」的に始めたものだったので、進めていくう
ちに勘違いに気づくことも多く、軌道修正を何度も繰り返す必要が出
てきて、３名の先生方にはたくさんの迷惑をかけたと思う。

　試行錯誤を繰り返していた私に、ST先生が「横溝君、NK学会の
会員研修の講師をやってみない？テーマはアクション・リサーチ！」
という声をかけてくださった。「やります！」と即答したのはいいの
だが、アクション・リサーチの理論や実施方法について他の人に説明
するほどの知識がないことに即答後気づき、あわてて準備に取り掛
かった。会員研修の二日間は何とか無事に乗り切ることができ、ホッ
としていたある日、NK学会事務局のTさんから「この研修会の内
容、本にしようか？」という、とてもありがたいお声がけをいただい
た。とても嬉しかった（これが『日本語教師のためのアクション・リ
サーチ』につながる）。

　出版に向けてアクション・リサーチについての研究を進めていた
1999年４月に、勤務先がN大学からH大学に変わった。H大学に
は日本語教師養成課程の主専攻があり、ここで私は初めて日本語教師
教育を主とした仕事に就くことになった。H大学は日本語教育分野
では老舗的な存在で、数多くの先生方と一緒に日本語教師養成に携わ
ることができた。私自身は、「日本語教授法」をはじめとした、主に
「どう日本語を教えるのか」についての授業を担当し、その中には
「日本語教育実習」もあった。H大学の日本語教育実習は、学部の４
年生と大学院生が一緒に履修する形を取っていて、担当教員は私とも
う一名だった（SK先生とM先生が一年ごとに交代するシステム）。

この教育実習では、担当教員が、実習授業の事前指導、実習先への引率と授業観察、授業後の事後指導という、各実習生にずっと寄り添う形での指導を行っていた。また、アクション・リサーチとティーチング・ポートフォリオを併用し、その成果を毎年、報告書にまとめた。

『日本語教師のためのアクション・リサーチ』を出版後、1年ほどして、NK学会から、英語で書かれた報告書の邦訳を依頼された。『日本語教師のための教育・専門能力開発』というタイトルの、アメリカ合衆国での日本語教師教育についての論文集であった。その後しばらくしてから、NK学会から「同報告書を発展させたものを出版する予定なので、原稿に目を通してコメントしてほしい」という依頼をいただいた。原稿に目を通した後で、「一つ一つ素晴らしい内容だと思います。ですが、『でも、これ、アメリカでの話でしょ。国内の日本語教育には、そんなに関係ないよね』という反応が出てくるかもしれません」と回答した。すると、NK学会事務局のTさんから、「じゃあ、アメリカの日本語教師教育と国内の日本語教師教育を結びつける論文を書いてよ」という依頼がきた。「分かりました。書きましょう」と回答した直後に、「ありがとう、締め切りは一ヵ月後ね！」と言われ、それから一ヵ月は大忙しになった（苦笑）。国立国語研究所や文化庁から関係資料を大急ぎで取り寄せると共に、論文の共著者であるT先生（アメリカ在住）とメールで一日に何度も情報・意見交換をしながら執筆を進め、何とか締め切りに間に合わせることができた。このような過程を経てできあがった『日本語教師の専門能力開発——アメリカの現状と日本への提言——』は、日本語教師教育のあるべき姿について、私にたくさんの情報をもたらしてくれた。

この論文の執筆とほぼ同時期に行っていたのが、NK学会教師研修委員会主催の「オンラインによる日本語教育実践研究」である。当時委員長を務めていたHA先生とのやり取りの中で生まれた企画なのだが、「この企画を遂行するためには、教師教育者はメンタリングを学ばなければならない」という考えのもと、HA先生と一緒にメンター育成の研修会（半日）にも参加した。その上で、「教室内イン

ターアクション」と「文化」という二つのテーマ別に、メールを利用したメンタリングを行った。ちょっとしたことばの使用／未使用によって、内省が深まったりまったく違う方向に向かってしまったりと、教師教育者のことばの大切さを痛感する機会になった。

　H大学に勤めていた6年半は、日本語を教える授業は担当していなかったので、日本語教師教育が私の専門になる大きな分岐点だったと思う。その6年半の間にチャレンジしていたさまざまなことをまとめたのが、『成長する教師のための日本語教育ガイドブック　上・下巻』（ひつじ書房）と『日本語教師の成長と自己研修——新たな教師研修ストラテジーの可能性をめざして——』（凡人社）である。これらの本の執筆をしながら進めていたのが、「オンラインによる日本語教師教育者研修」という科研プロジェクトだった。私が日本語教師教育を始めた時のように「日本語教員養成課程の色んな授業で、何をどう教えたらいいのかよく分からない」と不安に感じている先生への支援をオンライン上でどこまでできるのかについての研究であった。HA先生と以前行っていたオンライン教師研修の「教師教育者版」のようなもので、最初の2年間は国内（北海道、長崎、沖縄）の先生が対象で、続く3年間は海外（韓国、トルコ）の先生が支援の対象になった。この5年間を通じて、メンターを育てることの難しさを知ることができた。また、このプロジェクトを進めるうちに、自分自身がメンターとして成長しなければならないことに気づき、親業訓練協会による「教師学」や「親業」の数日間にわたる講座に何度も参加した。

　2005年の夏、故郷の博多に帰りたい！との思いがとても強くなり、H大学を離れ、SU大学に勤めることになった。SU大学での主な仕事は、留学生に対する日本語教育だったが、着任後しばらくしてから、日本語教師養成課程のデザイン・運営も任されることになった。SU大学で仕事をしている間は、本務として日本語教育と日本語教師教育を行っていたのだが、それに加えて（1）地域の人間として子どもたちの育成に関わる、（2）地域の英語教育に関わる、（3）英語教育分野の研究者・実践家から学ぶ、こと等に積極的に関わってい

た。

「（1）地域の人間として子どもたちの育成に関わる」だが、在住地域であるＦ市Ｈ区の学校（主にＨ小学校・Ｈ中学校）の活動の支援を行ってきた。「Ｈの会」というＨ小・中連携の、いわゆるオヤジの会のメンバーとして、「町の文化や伝統を受け継ぎ創造する青年の育成」のために、お父さんたちと一緒になって、地域の子どもたちを時には厳しく時には温かく見守ってきた。また、「Ｇリトルラガーズ」という少年ラグビーチームのコーチも務めてきた。これらの活動に参加することによって、たくさんの個性的で魅力的な方々との出会いがあり、どのようなことばがけが子どもたちの心を動かし、どのようなことばがけが子どもたちのやる気を失わせるのか、リーダーとはどうあるべきなのか等の実体験を多数得ることができた。

「（2）地域の英語教育に関わる」だが、2007年にＨ小・中の校長先生から「小中連携の外国語教育のアドバイザーをしてほしい」との依頼があり、喜んでお受けした。その後10年間ほど、実際に小学校の授業にゲスト・ティーチャーとして参加したり、中学校の英語授業のコースデザインのアドバイスをしたり、放課後授業のお手伝いをしたりした。特に小学校の授業に参加し始めた頃は、経験がゼロだったので、「どうすればよいか」まったく分からなかった。そこで、一緒に授業をしている先生方がどういう動きをしているのかを観察することにした。先生方の多くが、「子どもたちの集中力には限界があること」を前提とした、さまざまな工夫（例：5分ごとに活動を変えたり、座る／立つ位置／向きを変えたりする）をしていることに気が付いた。また、授業中や授業後に、子どもを指導する時のポイントについても、先生方からたくさん教えていただいた。これらのことによって、授業中に起きていることについて観察する視点がずいぶん豊かになったように思う。Ｆ市教育委員会・Ｆ県教育委員会から仕事の依頼を受けることも増えてきた。特に、現職の先生方を対象に、外国語（英語）教育の研修を担当するにあたっては、「先生方が望んでいる情報は何なのか」を常に考えながら準備をしなければならず、先生方に

「やってみよう！」や「早く児童／生徒に会って授業がしたい！」という前向きな気持ちを持って研修会場を後にしていただかなければならない。研修会の講師を担当することは、教師教育者としての研修を受けさせてもらっているのと同じなのである。

最後の「(3) 英語教育分野の研究者・実践家から学ぶ」だが、小中連携の英語教育についての研究を進める中で、たくさんの研究者・実践家の方々にアドバイスをいただいた。1〜2日間の研修会を行ってくださった方も数多く、その研修会の準備・当日の運営・終了後と、長期にわたってやり取りをする中で、素晴らしい教師研修のやり方を最前列で体験させていただいている。教師教育のプロとの出会いは、私にとっての何よりの財産なのである。

また、「日本教育アクション・リサーチ・ネットワーク」(jeARn ＝Japan Educational Action Research Network) の副代表をこの10年ほど務めているが、このネットワークでの活動を通して、アクション・リサーチをはじめとする実践研究の仲間が、英語教育分野で特に増えた。この仲間たちとの切磋琢磨も、私を鍛えてくれていると感じている。

加えて、私はF市立の中学校の英語教員の有志の集まりである「Yoko-Yoko Network」の代表を務めている。いわゆる自主勉強会であり、20代から50代の先生方が月に一度集まっている。月一度の会は午後8時から1時間半ほどだが、授業や部活動の指導や進路指導や生徒指導を終えた後に自主的に（おそらくヘトヘトで）集まっていらっしゃる先生方に、「今回も参加してよかった」「また一ヵ月頑張ろう」と思っていただける会にする責任が私にはある。この経験も、教師教育者としての私にとって、何よりの研修の機会なのである。

2013年4月に、日本語教師教育に本格的に取り組むために、SU大学を離れ、SJ大学で教え始めた。SJ大学では日本語教師養成課程の責任者として、「日本語学概論」「日本語教育方法論1」「日本語教育方法論2」「日本語教育方法論演習1」「日本語教育方法論演習2」

「日本語教育実習」等の授業を、すべて一人で担当した。日本語教育実習が終わる時を卒業式と考えて、バックワードで日本語教師養成課程のデザイン・運営を行った（本書の第3章は、そこで行われていたこと等を踏まえた内容になっている）。

　2021年4月から、SN大学で勤務することとなった。母校で日本語教師養成課程を新たに立ちあげ発展させることに全力を尽くす所存である。

　こんな形で、教師教育に携わってきた私ですが、今回改めて自分の経歴を文字化してみると、決して体系化されておらず、無我夢中な（悪く言えば、行き当たりばったりの）試行錯誤の連続だったことがよく分かります。本当に「いつの間にかの教師教育者」なのです。こんな私ですので、大所高所からものを言う資格はないのですが、一つだけお伝えしたいメッセージがあります。それは、

　　教師としての成長のきっかけは、いつでもどこでも見つけられます。
　　きっかけを楽しみながら探し出し、一歩踏み出してみましょう。

です。

　ハワイで日本語教師をし始めた頃から数えるとかなりの時間が経過しているはずなのですが、自分にとってはあっという間に思えます。時を経るごとに、別のことばで言えば歳を取るごとに、教育と教師の大切さを痛感し、それを支える教師教育の難しさと奥深さに圧倒されるばかりです。

　日本語教師の養成・研修が専門分野である私にとって、本書の執筆は、非常にエキサイティングなものであり、これまで夢中で試行錯誤として行ってきたことを集大成としてまとめる作業のようなものでした。本書の内容が、少しでも日本語教育に携わる方々のお役に立てば、望外の喜びです。

おわりに

　2019（令和元）年に開催されたラグビーワールドカップに続き、2020（令和2）年はオリンピックが開催されることになっていました。子どもの頃からスポーツが大好きな私にとって、最高の2年間になるはずだったのですが、新型コロナウイルス感染症の拡大に伴い、オリンピックは延期となりました。この影響は、私の専門分野である日本語教師教育にもおよび、これまで当たり前のように行っていた対面での授業がまったくできなくなり、オンラインによる教師養成や教師研修を余儀なくされました。もともとデジタル・スキルがそれほど高くない私ですので、当初はとても戸惑いました。毎日が試行錯誤の連続で、思ったように養成・研修ができない状況が続き、途方に暮れてしまいました。

　そんな中、たくさんの先生方が同じ状況下で数多くの工夫をしていらっしゃるのを目の当たりにして、「このままじゃダメだ、できることから始めなきゃ」と考え直すことができました。いろいろな試行錯誤を積み重ねる中で、「この部分はオンラインでもできる／オンラインの方が効率的である」ことや「この部分は対面式が一番効果的である」ことなど、これまで見えていなかったことが見えてきました。そういった意味で、新型コロナウイルス感染症の拡大が、私自身の教師教育者としての成長に貢献してくれたのかもしれません（あまり認めたくない事実ではありますが）。今後、新型コロナウイルスがどのように収束／終息していくのか現時点ではまったく分かりませんが、「置かれた環境でベストを尽くす」という心は、ずっと忘れずにいたいと思っています。そして、本書をきっかけに、一人でも多くの方と、この思いを共有できたらと考えています。

　「はじめに」でも書きましたが、本書の内容は「日本語教師教育についての私自身の『学びの集大成』のようなもの」ですので、執筆し、刊行された時点ですでに過去のものです。これからも研究・実践を継続し、日本語教師教育に関して、新たな情報をたくさん発信し続けていきたいと強く思っています。

参考文献

青木直子（2001）「教師の役割」青木直子・尾﨑明人・土岐哲編『日本語教育学を学ぶ
　　人のために』世界思想社、pp.182-197.

青木直子・中田賀之編（2011）『学習者オートノミー──日本語教育と外国語教育の未
　　来のために──』ひつじ書房

秋田喜代美（1999）「教師が発達する筋道──文化に埋め込まれた発達の物語──」藤本
　　完治・澤本和子編著『授業で成長する教師』ぎょうせい、pp.27-39.

秋田喜代美・キャサリン＝ルイス（2008）『授業の研究　教師の学習──レッスンスタ
　　ディへのいざない──』明石書店

浅田匡（1998）「教師の自己理解」浅田匡・生田孝至・藤岡完治編著『成長する教師
　　──教師学への誘い──』金子書房、pp.244-255.

有田佳代子（2019）「職業としての日本語教師──「奨学金返済ができないから夢をあき
　　らめます」から考える──」牲川波都季編『日本語教育はどこへ向かうのか──移
　　民時代の政策を動かすために──』くろしお出版、pp.19-36.

アルク（2021）「日本語教師の国家資格化の議論の整理──大きく変わりそうな資格要
　　件──」「日本語ジャーナル：日本語を「知る」「教える」」（2021 年 4 月 4 日）
　　<https://nj.alc-nihongo.jp/entry/20210404-nihongo-kyouhi-shikaku>

鮑良（2005）「教師の資質向上と初任者研修制度」日本教師教育学会編『日本教師教育
　　学会年報第 14 号　カリキュラム改革と教師研修』学事出版、pp.8-12.

安藤知子（2005）「仲間とともに成長していく教師」堀井啓幸・黒羽正見編『教師の学
　　び合いが生まれる校内研修』教育開発研究所、pp.46-49.

池田広子（2007）『日本語教師教育の方法──生涯発達を支えるデザイン──』鳳書房

石黒広昭・齋藤ひろみ・舘岡洋子・丸山敬介・横溝紳一郎（2009）「座談会　日本語教
　　育に求められる実践研究とは何か」『日本語教育論集』25, 52-70.

石田雅近・神保尚武・久村研・酒井志延編（2011）『英語教師の成長──求められる専
　　門性』大修館書店

稲垣忠彦・佐藤学（1996）『授業研究入門』岩波書店

今井新悟・伊藤秀明編著（2019）『日本語の教科書がめざすもの』凡人社

岩川直樹（1994）「教職におけるメンタリング」稲垣忠彦・久富善之編『日本の教師文
　　化』東京大学出版会、pp.97-107.

G. ウィギンズ・J. マクタイ（2012）『理解をもたらすカリキュラム設計──「逆向き設
　　計」の理論と方法──』（西岡加名恵訳）日本標準

上村光弼（2002）『最強リーダーのパーフェクト・コーチング──部下のこころに火を
　　つける 9 つの法則──』PHP 研究所

内海成治（2005）「マイクロティーチング」日本語教育学会編『[新版] 日本語教育事
　　典』大修館書店、pp.867-868.

大西貴世子・横溝紳一郎（2005）「学習者が満足するフィードバックを目指して：教師の支援行動に関する探究」『広島大学日本語教育学科紀要』15, 31-38.

岡崎敏雄・岡崎眸（1997）『日本語教育の実習——理論と実践——』アルク

岡崎敏雄・長友和彦（1991）「日本語教育におけるティーチャー・トーク——ティーチャー・トークの質的向上に向けて——」『広島大学教育学部紀要　第二部』39, 241-248.

奥村好美・西岡加名恵編著（2020）『「逆向き設計」実践ガイドブック——『理解をもたらすカリキュラム設計』を読む・活かす・共有する——』日本標準

尾崎明人（2002）「日本語教師のエンカレッジメントとディスカレッジメント」細川英雄編『ことばと文化を結ぶ日本語教育』凡人社、pp.188-203.

小田博志（2009）「エスノグラフィーとナラティヴ」野口裕二編『ナラティヴ・アプローチ』勁草書房、pp.27-51.

加藤諦三（1999）『行動してみることで人生は開ける——まず、できることから、やってみる——』PHP研究所

金田智子（2006）「教師の成長過程」春原憲一郎・横溝紳一郎編著『日本語教師の成長と自己研修——新たな教師研修ストラテジーの可能性をめざして——』凡人社、pp.26-43.

金田智子（2013）「他の人の実践を知ることについて、私自身は何を求めているのか」『言語教育実践　イマ×ココ——現場の実践を記す・実践を伝える・実践から学ぶ——』創刊号、p.71.

河北隆子（2004）『教師力アップのためのコーチング入門——子どもを伸ばすコツと会話術——』明治図書出版

川口義一・横溝紳一郎（2005a）『成長する教師のための日本語教育ガイドブック　上巻』ひつじ書房

川口義一・横溝紳一郎（2005b）『成長する教師のための日本語教育ガイドブック　下巻』ひつじ書房

河野俊之（2013）「「実践の共有」って何をするんだろう——私自身の実践を材料にして——」『言語教育実践　イマ×ココ——現場の実践を記す・実践を伝える・実践から学ぶ——』創刊号、p.94.

河野俊之・小河原義朗（2006）『日本語教師のための「授業力」を磨く30のテーマ。』アルク

河野俊之・金田智子編（2009）『日本語教育の過去・現在・未来　第2巻　教師』（水谷修監修）凡人社

菅正隆・中嶋洋一・田尻悟郎編著（2004）『英語教育ゆかいな仲間たちからの贈りもの』日本文教出版

菅正隆・中嶋洋一・田尻悟郎編著（2014）『英語教育ゆかいな仲間たちからの贈りもの2』日本文教出版

岸英光（2003）『エンパワーメント・コミュニケーション』あさ出版

岸本幸次郎・久高喜行編著（1986）『教師の力量形成』ぎょうせい

北神正行（2005）「研修を阻害する要因はなにか」堀井啓幸・黒羽正見編『教師の学び合いが生まれる校内研修』教育開発研究所、pp.12-15

北出恵子（2017）「発表②　日本語教師はボランティアでやるものかなって――日本語教師を目指した大学生のキャリア形成から見る日本語教師という職業――」『2017年度日本語教育学会秋季大会予稿集』、36-39.

木原俊行（1998）「同僚との対話と共同――校内研究の活性化を求めて――」浅田匡・生田孝至・藤岡完治編著『成長する教師――教師学への誘い――』金子書房、pp.198-211.

木原俊行（2004）『授業研究と教師の成長』日本文教出版

木原俊行（2006）『教師が磨き合う「学校研究」――授業力量の向上をめざして――』ぎょうせい

協働実践研究会・池田玲子編『アジアに広がる日本語教育ピア・ラーニング――協働実践研究のための持続的発展的拠点の構築――』ひつじ書房

I. F. グッドソン（2001）『教師のライフヒストリー――「実践」から「生活」の研究へ――』（藤井泰・山田浩之訳）晃洋書房

栗田佳代子・吉田塁・大野智久編著（2018）『教師のための「なりたい教師」になれる本！』学陽書房

栗田充治（1999）『学びが成り立つ関係づくり――T.E.T. 教師学の実践と提言――』アジア書房

向後千春（2015）『上手な教え方の教科書――入門インストラクショナルデザイン――』技術評論社

鴻野豊子・高木美嘉（2015）『新人日本語教師のためのお助け便利帖』翔泳社

鴻野豊子・高木美嘉（2016）『新人日本語教師のための授業づくり練習帖』翔泳社

古賀亜未子（2019）「「日本語教育推進法」が成立！　法律は日本語教育をどう変えるのか？」『日本語――日本語を教えるあなたに贈る応援マガジン――』アルク、pp.50-53.

国際交流基金（2017）「第8回日本語教育推進議員連盟総会用資料　海外の日本語教育の現状と課題」<http://www.nkg.or.jp/wp/wp-content/uploads/2017/06/20170615_JF.pdf>

國分康孝（1982）『教師の表情――ふれあいの技法を求めて――』瀝々社

國分康孝（1984）『カウンセリングを生かした「人間関係」――教師の自学自習法――』瀝々社

T. ゴードン（1985）『教師学――効果的な教師＝生徒関係の確立――』（奥沢良雄・市川千秋・近藤千恵訳）小学館

T. ゴードン（1998）『親業――子どもの考える力を伸ばす親子関係のつくり方――』（近藤千恵他訳）大和書房

T. ゴードン（2002）『ゴードン博士の人間関係をよくする本――自分を活かす　相手を活かす――』（近藤千恵訳）大和書房

小島勇（2004）『臨床的な教師研修――教師のためのコンサルテーション・わかちあい・

　　子ども理解──』北大路書房

小竹直子・横溝紳一郎（2002）「「私メッセージ」実行のためのアクション・リサーチ」
　　『広島大学日本語教育研究』12, 67-74.

小林ミナ（2019）『日本語教育よくわかる教授法──「コース・デザイン」から「外国語
　　教授法の史的変遷」まで──』アルク

小山悦司（1987）「教師のプロフェッショナル・グロースに関する研究──教師の自己
　　教育力をめぐる一考察──」『岡山理科大学紀要　B 人文・社会科学』23, 115-132.

近藤千恵（1993）『「教師学」心の絆をつくる教育──教師のための人間関係講座──』
　　親業訓練協会

近藤千恵（2004）『「親業」に学ぶ子どもとの接し方──親と子はもっとわかりあえる──』
　　新紀元社

近藤千恵監修（2000）『「親業」ケースブック　幼児 園児編──子どもの心を開く聞き方
　　と話し方──』大和書房

近藤千恵・久保まゆみ（2005）『親業トレーニング』駿河台出版社

近藤有美・水野愛子編（2017）『日本語教育への道しるべ　第 3 巻　ことばの教え方を
　　知る』（坂本正・川崎直子・石澤徹監修）凡人社

齋藤ひろみ・金田智子・浜田麻里（2012）「実践を記す・実践を伝える・実践から学ぶ」
　　『言語教育実践　イマ×ココ──現場の実践を記す・実践を伝える・実践から学
　　ぶ──』創刊準備号、pp.3-9.

坂本正・大塚容子（2011）『日本語教育実習（NAFL 日本語教師養成講座 18）』アルク

佐々木倫子（1997）「教科書とは何か──ぴったりの一冊を見つけるために──」『月刊
　　日本語』8 月号、pp.6-9.

佐藤学（1996）『教育方法学』岩波書店

佐藤学（1997）『教師というアポリア──反省的実践へ──』世織書房

佐藤学（2009）『教師花伝書──専門家として成長するために──』小学館

佐野正之（2000）『アクション・リサーチのすすめ──新しい英語授業研究──』大修館
　　書店

佐野正之編著（2005）『はじめてのアクション・リサーチ──英語の授業を改善するた
　　めに──』大修館書店

澤邉裕子（2019）「日本語教員養成における『めやす』」田原憲和編著『他者とつなが
　　る外国語学習をめざして──「外国語学習のめやす」の導入と活用──』三修社、
　　pp.296-313.

JACET 教育問題研究会（2013）『英語教師の成長に関わる枠組みの総合的研究』平成
　　24 年度科学研究費補助金基盤研究（B）研究成果報告書

JACET 教育問題研究会編（2012）『新しい時代の英語科教育の基礎と実践──成長す
　　る英語教師を目指して──』（神保尚武監修）三修社

ジェグス・インターナショナル（2021）「国家資格（公認日本語教師）でどう変わるか」
　　<https://www.jegsi.com/jlt/kokka-shikaku>（2021 年 4 月 23 日閲覧）

実践研究プロジェクトチーム（2001）『実践研究の手引き』日本語教育振興協会

D. ショーン（2001）『専門家の知恵——反省的実践家は行為しながら考える——』（佐藤学・秋田喜代美訳）ゆみる出版

新里里春・水野正憲・桂戴作・杉田峰康（2007）『交流分析とエゴグラム』チーム医療

鈴木義幸（2002）『コーチングのプロが教える「ほめる」技術』日本実業出版社

スリーエーネットワーク編著（2016）『みんなの日本語　初級II［第2版］教え方の手引き』（鶴尾能子・石沢弘子監修）スリーエーネットワーク

関かおる（2009）「日本語教師養成プログラムの研究——マイクロティーチングを使った実践的教育法の研究——」『大学院論文集』6, 41-54.

関根雅泰（2006）『教え上手になる！——教えと学びのワークブック——』明日香出版社

関根雅泰（2009）『教え上手は、学ばせ上手』クロスメディア・パブリッシング

関根雅泰（2015）『オトナ相手の教え方』クロスメディア・パブリッシング

高井良健一（1995）「欧米における教師のライフヒストリー研究の諸系譜と動向」日本教師教育学会編『教育者が育つ環境づくり（日本教師教育学会年報　第4号）』日本教育新聞社出版局、pp.92-109.

高野利雄（2000）『先生のためのやさしい教師学による対応法——生徒への対応が楽になる——』（近藤千恵監修）ほんの森出版

高橋一幸（2011）『成長する英語教師——プロの教師の「初伝」から「奥伝」まで——』大修館書店

竹内理（2020）「オンライン英語授業の留意点——効果を生み出すために——」『英語教育』2020年10月別冊、pp.66-67.

田尻英三（2020）「第13回　並行して開かれる日本語教育施策の会議と驚きのアンケート結果」ひつじ書房ウェブマガジン「外国人労働者の受け入れに日本語教育は何ができるか」（2020年1月16日）<http://www.hituzi.co.jp/hituzigusa/2020/01/16/ukeire-13/>

田尻悟郎（2009）『〈英語〉授業改革論』教育出版

田尻悟郎（2012）「相手の力を引き出す指導の極意と心がまえ」『日本語教育ジャーナル』2012年秋号、24-26.

田尻悟郎（2014）『田尻悟郎の英語教科書本文活用術！——知的で楽しい活動＆トレーニング集——』教育出版

田尻悟郎（2020）「ICTを利用して「教えて」「伸ばす」授業へ」『英語教育』2020年10月別冊、pp.54-55.

田中洋子（2019）「日本語教育を巡る法整備と教師資格創設の動き——何が議論され、何が変わるのか——」『日本語——日本語を教えるあなたに贈る応援マガジン——』アルク、54-59.

玉井健（2009a）「リフレクティブ・プラクティス——教師の教師による教師のための授業研究——」吉田達弘・玉井健・横溝紳一郎・今井裕之・柳瀬陽介編『リフレクティブな英語教育をめざして——教師の語りが拓く授業研究——』ひつじ書房、pp.119-190.

玉井健（2009b）「リフレクティブ・プラクティスと教師の成長」『英語教育』2009年

3 月号、pp.10-12.

玉井健（2019a）「リフレクションと授業実践研究」玉井健・渡辺敦子・浅岡千利世『リフレクティブ・プラクティス入門』ひつじ書房、pp.1-31.

玉井健（2019b）「リフレクションについて」玉井健・渡辺敦子・浅岡千利世『リフレクティブ・プラクティス入門』ひつじ書房、pp.33-65.

玉井健・浅岡千利世・渡辺敦子（2019）「実践としてのリフレクティブ・プラクティス」『リフレクティブ・プラクティス入門』ひつじ書房、pp.67-99.

辻秀一（2004）『心の力コーチング──いつも勝てるライフスキルの育て方──』講談社

土持ゲーリー法一（2007）『ティーチング・ポートフォリオ──授業改善の秘訣──』東信堂

當作靖彦・横溝紳一郎（2005a）「日本語教師の自己成長プログラム」春原憲一郎・横溝紳一郎編著『日本語教師の成長と自己研修──新たな教師研修ストラテジーの可能性をめざして──』凡人社、pp.52-72.

當作靖彦・横溝紳一郎（2005b）「日本語教師の自己成長プログラム」水町伊佐男編『講座・日本語教育学　第 4 巻　言語学習の支援』（縫部義憲監修）スリーエーネットワーク、pp.52-72.

土岐圭子（2006）『教師学入門──教師のためのコミュニケーション論──』（近藤千恵監修）みくに出版

中川良雄（2004）『秘伝　日本語教育実習──プロの技──』凡人社

中嶋洋一（2010）「ストップ・モーション式授業分析のポイント」2010 年度日本語教育学会研究集会（九州・沖縄地区）配布資料

中嶋洋一・坂上渉・高橋友紀・中山浩太郎・宮崎貴弘（2021）「［オンライン座談会］コロナ禍で見直す　教師の役割・教室の役割」『英語教育』2021 年 1 月号、pp.10-13.

中嶋洋一責任編集（2017）『「プロ教師」に学ぶ真のアクティブ・ラーニング──"脳働"的な英語学習のすすめ──』開隆堂出版

中嶋塾記録集編集委員会（2011）「Tips for Everyday Classes」『授業で「自律的な学習者」を育てるために──中嶋塾で学んだ教師たちの軌跡──』中嶋塾記録集編集委員会、pp.74-97.

中田賀之（2015）「学習者オートノミーとは何か」中田賀之編『自分で学んでいける生徒を育てる──学習者オートノミーへの挑戦──』ひつじ書房、pp.17－54.

中竹竜二（2013）『指導者の「指導者」が教える先生の力を最大限に引き出すメソッド』東洋館出版社

中原淳（2019）「なぜいま、セルフ・アウェアネスが求められているのか」ハーバード・ビジネス・レビュー編集部編『セルフ・アウェアネス』（DIAMOND ハーバード・ビジネス・レビュー編集部訳）ダイヤモンド社、pp.1-12.

中村和子・杉田峰康（2007）『わかりやすい交流分析』チーム医療

西穣司（2002）「教師の力量形成と研修体制」日本語教師教育学会編『教師として生きる──教師の力量形成とその支援を考える──（講座　教師教育学Ⅲ）』学文社、

pp.217-230.

西岡加名恵（2008）『「逆向き設計」で確かな学力を保障する』明治図書出版

日本語教育学会教師研修委員会（2004）『オンライン教師研修の可能性の探究』日本語教育学会

日本教師教育学会編（2002a）『教師とは――教師の役割と専門性を深める――（講座　教師教育学Ⅰ）』学文社

日本教師教育学会編（2002b）『教師をめざす――教員養成・採用の道筋をさぐる――（講座　教師教育学Ⅱ）』学文社

日本教師教育学会編（2002c）『教師として生きる――教師の力量形成とその支援を考える――（講座　教師教育学Ⅲ）』学文社

L. B. ニルソン（2017）『学生を自己学習者に育てる――アクティブラーニングのその先へ――』（美馬のゆり・伊藤崇達監訳）北大路書房

野口芳宏（2010）『野口流　教師のための話す作法』学陽書房

畑中豊（2007）『教師必携！　英語授業マネジメント・ハンドブック』明治図書出版

八田玄二（2001）『反省的授業実践　リフレクティブ・アプローチによる英語教師の養成』金星堂

浜脇一菜・矢野優子・横溝紳一郎（2005）「「学習者のために」を追い求めたアクション・リサーチ――地域の日本語教室における1回完結型授業の試みを通して――」『広島大学日本語教育研究』15, 47-54.

林さと子（2006）「教師研修モデルの変遷――自己研修型教師像を探る――」春原憲一郎・横溝紳一郎編著『日本語教師の成長と自己研修――新たな教師研修ストラテジーの可能性をめざして――』凡人社, pp.10-25.

春原憲一郎・横溝紳一郎（2005）「オンラインによる教師研修」水町伊佐男編『講座・日本語教育学　第4巻　言語学習の支援』（縫部義憲監修）スリーエーネットワーク、pp.219-240.

春原憲一郎・細川英雄・横溝紳一郎（2006）「鼎談　ひとを変えるということ・ひとが変わるということ」春原憲一郎・横溝紳一郎編著『日本語教師の成長と自己研修――新たな教師研修ストラテジーの可能性をめざして――』凡人社, pp.328-390.

平岩ゆか・横溝紳一郎（2004）「人を育て、自分も育つコミュニケーションとは？――日本語教育実習TAとしてのアクション・リサーチ――」『広島大学日本語教育研究』14, 51-56.

深澤のぞみ・本田弘之（2019）『日本語を教えるための教材研究入門』くろしお出版

深澤伸子・池上摩希子（2013）「実践はだれが何のために共有するのか――バンコクの親と子どもが日本語と向き合う教室で考える――」『言語教育実践　イマ×ココ――現場の実践を記す・実践を伝える・実践から学ぶ――』創刊号, p.61.

文化審議会国語分科会（2019）『日本語教育人材の養成・研修の在り方について（報告）改定版』文化審議会国語分科会

文化庁（2020）「日本語教師の資格創設及び日本語教育機関の類型化に関する検討状況」日本語教育推進議員連盟（第13回総会配布資料）<http://www.nkg.or.jp/wp/wp-

content/uploads/2020/10/1_bunkacho.pdf>

文化庁（2021）「公認日本語教師の資格のイメージ（案）」日本語教師の資格に関する調査研究協力者会議（第4回　配布資料1）<https://www.bunka.go.jp/seisaku/bunkashingikai/kondankaito/nihongo_kyoin/pdf/92895901_01.pdf>

文野峯子（2014）「実践持ち寄り会で共有されるもの・こと」『言語教育実践　イマ×ココ──現場の実践を記す・実践を伝える・実践から学ぶ──』2, 13-16.

文野峯子・阿部洋子（2009）「実践の公表に向けて」『日本語教育論集』25, 71-83.

細川英雄・三代純平編（2014）『実践研究は何をめざすか──日本語教育における実践研究の意味と可能性──』ココ出版

本田勝嗣（2000）『メンタリングの技術──高成果型の人材を早期に育成する新しい人材育成法──』オーエス出版社

本間正人（2001）『入門　ビジネス・コーチング──「一方通行」指導から「双方向」コミュニケーションへ──』PHP研究所

本間正人（2006）『「最高の能力」を引き出すコーチングの教科書』自由国民社

前田康裕（2016）『まんがで知る教師の学び──これからの学校教育を担うために──』さくら社

前田康裕（2017）『まんがで知る教師の学び2──アクティブ・ラーニングとは何か──』さくら社

前田康裕（2018）『まんがで知る教師の学び3──学校と社会の幸福論──』さくら社

M. マリー（2003）『メンタリングの奇跡──最速で人が変わる、組織が変わる！──』（宮川雅明・坂本裕司・川瀬誠訳）PHP研究所

丸山敬介（1990）『経験の浅い日本語教師の問題点の研究』創拓社

三浦孝（2006）「コミュニケーション活動はなぜ英語授業の核となるのか」三浦孝・中嶋洋一・池岡慎『ヒューマンな英語授業がしたい！──かかわる、つながるコミュニケーション活動をデザインする──』研究社、pp.1-55.

三上明洋（2010）『ワークシートを活用した実践アクション・リサーチ──理想的な英語授業をめざして──』大修館書店

三井豊子・丸山敬介（1991）「自己評価システムの試み」『自己評価、自己研修システムの開発をめざして』科学研究費補助金研究「日本語教員の教授能力に関する評価・測定法の開発研究」報告書、pp.62-80.

文部科学省（2006）「新しい教育基本法について」文部科学省 <https://www.mext.go.jp/b_menu/kihon/houan/siryo/07051111/001.pdf>

文部科学省（2017）「どのように学ぶの？（主体的・対話的で深い学び）」文部科学省「平成29・30年改訂学習指導要領のくわしい内容」<https://www.mext.go.jp/a_menu/shotou/new-cs/1383986.htm#section5>

安村明史（2006）『9タイプ・コーチング──部下は9つの人格に分けられる──』PHP研究所

矢藤誠慈郎（2006）「学習する教師」曽余田浩史・岡東壽隆編著『新　ティーチング・プロフェッション──教師を目指す人へのエール基礎・基本──』明治図書出版、

pp.183-197.

柳瀬陽介（2009）「自主セミナーを通じての成長」吉田達弘・玉井健・横溝紳一郎・今井裕之・柳瀬陽介編『リフレクティブな英語教育をめざして——教師の語りが拓く授業研究——』ひつじ書房、pp.191-231.

薮原秀樹（2005）『サーバント・コーチング』明日香出版社

山口良治（2006）「ラグビー・山口良治　悔しさを知らぬ勝者。失敗を知らぬ名選手は…いない」高畑好秀監修『アスリート・コーチング BOOK——日本一の指導者に聞いたコーチング術——』池田書店、pp.135-151.

山﨑紅（2012）『求められる人材になるための社会人基礎力講座』（池内健治監修）日経 BP

山崎準二（2002）『教師のライフコース研究』創風社

山崎準二編著（2005）『教師という仕事・生き方——若手からベテランまで　教師としての悩みと喜び、そして成長——』日本標準

山下友子・横溝紳一郎（2003）「短作文の誤用訂正に関するアクション・リサーチ——いつもの誤用訂正を振り返る——」『広島大学日本語教育研究』13, 47-52.

やまだようこ（2000）『人生を語る——生成のライフストーリー——』ミネルヴァ書房

やまだようこ（2005）「6　ライフストーリー研究——インタビューで語りをとらえる方法——」秋田喜代美・恒吉僚子・佐藤学編『教育研究のメソドロジー——学校参加型マインドへのいざない——』東京大学出版会、pp.191-216.

T. ユーリック（2019）「自己認識を高める三つの視点」ハーバード・ビジネス・レビュー編集部編『セルフ・アウェアネス』（DIAMOND ハーバード・ビジネス・レビュー編集部訳）ダイヤモンド社、pp.21-35.

横溝紳一郎（1992）「クラスで使う英語——学習者の母語をどの程度用いるか——」『月刊日本語』9 月号、pp.13-15.

横溝紳一郎（1994）「留学が開いた教師への道」『月刊日本語』7 月号、pp.20-23.

横溝紳一郎（1995）「Community Language Learning（CLL）」田崎清忠編集責任『現代英語教授法総覧』大修館書店、pp.105-115.

横溝紳一郎（1996）「CL/CLL（コミュニティ・ランゲージ・ラーニング）」鎌田修・川口義一・鈴木睦編著『日本語教授法ワークショップ』凡人社、pp.82-103.

横溝紳一郎（1998a）「発話矯正——コミュニティ・ランゲージ・ラーニングの理論の応用——」*JALT Journal, 20*(2), 37-46.

横溝紳一郎（1998b）「ティーチング・ポートフォリオ——自己研修型教師の育成を目指して——」『JALT 日本語教育論集』3, 15-29.

横溝紳一郎（1998c）『教室活動 1・2・3（日本語の教え方実践シリーズ第 2 巻）』アルク

横溝紳一郎（1999）「アクションリサーチとティーチング・ポートフォリオ——現職教師の自己成長のために——」*The Language Teacher, 23*(12), 28-32.

横溝紳一郎（2000a）『日本語教師のためのアクション・リサーチ』日本語教育学会編、凡人社

横溝紳一郎（2000b）「プロセス・シラバスに関するアクション・リサーチ」『広島大学日本語教育学科紀要』10, 11-20.

横溝紳一郎（2000c）「ポートフォリオ・ビデオ評価に関するアクション・リサーチ」『JALT 日本語教育論集』5, 12-23.

横溝紳一郎（2000d）「Book Review『英語教育のアクション・リサーチ』」『英語教育』49(10), 89.

横溝紳一郎（2001a）「アクション・リサーチ」青木直子・尾﨑明人・土岐哲編『日本語教育学を学ぶ人のために』世界思想社、pp.210-231.

横溝紳一郎（2001b）「プロセス・シラバスに関するリサーチ――これはアクション・リサーチと言えるのか？――」『広島大学日本語教育研究』11, 33-42.

横溝紳一郎（2001c）「日本語教育実践報告会のあり方に関する一考察――先行研究調査より――」『JALT 日本語教育論集』6, 99-108.

横溝紳一郎（2001d）「授業の実践報告のあるべき姿とは？――現場の教師が参加したくなる報告会を目指して――」『日本語教育』111, 56-65.

横溝紳一郎（2002a）「教師教育学部　アクション・リサーチは教師を元気にする活動と心得よ」『月刊日本語』10 月号、pp.16-17.

横溝紳一郎（2002b）「日本語教師の資質に関する一考察――先行研究調査より――」『広島大学日本語教育研究』12, 49-58.

横溝紳一郎（2003）「アクション・リサーチをめぐる質疑応答から見えてくるもの」『アクション・リサーチ研究』創刊号、7-14.

横溝紳一郎（2004a）「「いい授業」って何だろう？」『月刊日本語』5 月号、pp.4-5.

横溝紳一郎（2004b）「「外国人の日本語を日本人が評価すること」についての一考察――『日本語教育』の問い直しへの誘い――」『日本人は何に注目して外国人の日本語運用を評価するか』平成 12-15 年度科学研究費補助金研究基盤（B）（2）研究成果報告書、pp.308-343.

横溝紳一郎（2004c）「日本語教師教育者の資質としてのコミュニケーション能力――メンタリングの観点から――」『広島大学日本語教育研究』14, 41-50.

横溝紳一郎（2004d）「アクション・リサーチの類型に関する一考察――仮説－検証型 ARと課題探究型 AR――」『JALT 日本語教育論集』8, 1-10.

横溝紳一郎（2004f）「試験で評価できる日本語教師の実践能力とは何か？」『日本語教員養成における実践能力の育成及び評価にかかわる基礎的調査研究　報告書Ⅱ』日本語教育学会、pp.106-158.

横溝紳一郎（2005）「実践研究の評価基準に関する一考察――課題探究型アクション・リサーチを中心に――」『日本語教育』126, 15-24.

横溝紳一郎（2006a）「教師の成長を支援するということ――自己教育力とアクション・リサーチ――」春原憲一郎・横溝紳一郎編著『日本語教師の成長と自己研修――新たな教師研修ストラテジーの可能性をめざして――』凡人社、pp.44-67.

横溝紳一郎（2006b）「日本語教師養成・研修における「教師のライフヒストリー研究」の可能性の探求」春原憲一郎・横溝紳一郎編著『日本語教師の成長と自己研修――

新たな教師研修ストラテジーの可能性をめざして──』凡人社、pp.158-179.

横溝紳一郎（2006c）「オンライン教師研修のデザインと実際」春原憲一郎・横溝紳一郎編著『日本語教師の成長と自己研修──新たな教師研修ストラテジーの可能性をめざして──』凡人社、pp.285-325.

横溝紳一郎（2006d）「おわりに」春原憲一郎・横溝紳一郎編著『日本語教師の成長と自己研修──新たな教師研修ストラテジーの可能性をめざして──』凡人社、pp.391-395.

横溝紳一郎（2006e）「日本語教師の実践能力について」国立国語研究所編『日本語教育年鑑 2006 年版』くろしお出版、pp.8-24.

横溝紳一郎（2006f）「CL/CLL（コミュニティ・ランゲージ・ラーニング）」鎌田修・川口義一・鈴木睦編著『日本語教授法ワークショップ DVD　第 2 巻』凡人社

横溝紳一郎（2007）「日本語教師の実践力とは何か、実践力を身につけるのはどうしたらよいか」全国日本語教師養成協議会『第 5 回全養教フォーラム──今問われる、日本語教師の実践力──実施報告書（報告集 7）』全国日本語教師養成協議会、pp.4-39.

横溝紳一郎（2008a）「教師の資質・成長過程と、その支援方法」西原鈴子・西郡仁朗編『教育・学習（講座社会言語科学 4）』ひつじ書房、pp.182-214.

横溝紳一郎（2008b）「校内研修としてのアクション・リサーチの可能性」『アクション・リサーチ研究』2, 8-17.

横溝紳一郎（2009a）「教師が共に成長する時──協働的課題探究型アクション・リサーチのすすめ──」吉田達弘・玉井健・横溝紳一郎・今井裕之・柳瀬陽介編『リフレクティブな英語教育をめざして──教師の語りが拓く授業研究──』ひつじ書房、pp.75-118.

横溝紳一郎（2009b）「学び続ける教師になろう！」『月刊日本語』12 月号、p.60.

横溝紳一郎（2009c）「過密スケジュールの日本語教育実習で実習生はどのように変容するのか」『佐賀大学留学生センター紀要』8, 13-29.

横溝紳一郎（2009d）「教師はどうやって学習者のやる気を引き出すのか？」*BATJ Journal, 10*, 49-67.

横溝紳一郎（2010a）「教師研究──教師の成長を支援する研修デザイン──」西原鈴子編『言語と社会・教育（シリーズ朝倉〈言語の可能性〉8）』朝倉書店、pp.169-192.

横溝紳一郎（2010b）「コミュニケーション・スキルの訓練プログラムを応用した上級日本語授業」『佐賀大学留学生センター紀要』9, 50-63.

横溝紳一郎（2011a）『クラスルーム運営（日本語教師のための TIPS 77　第 1 巻）』くろしお出版

横溝紳一郎（2011b）「地域で創り上げる小学校英語教育」柳瀬陽介・組田幸一郎・奥住桂編『成長する英語教師をめざして──新人教師・学生時代に読んでおきたい教師の語り──』ひつじ書房、pp.29-36.

横溝紳一郎（2011c）「外国人のための日本語学習法──上級レベルでの内容中心の日本語教育の試み──」『佐賀大学留学生センター紀要』10, 83-96.

横溝紳一郎（2011d）「教師教育の方法としてのアクション・リサーチ――国内の外国語教育分野に焦点を当てて――」『日本教師教育学会年報』20, 64-74.

横溝紳一郎（2011e）「圧倒的に優れた教師との出逢いが、開眼のきっかけに」『月刊日本語』1月号、p.16.

横溝紳一郎（2013）『小中連携の英語教育における教員間の「協働性」に関する総合的研究』平成22-24年度科学研究費補助金基盤研究（C）成果報告書

横溝紳一郎（2014）「優れた教師からの学びを、自分自身の実践にどう活かすのか――上級学習者の発音指導で、授業と家庭学習のつながりを求めて――」『言語教育実践イマ×ココ――現場の実践を記す・実践を伝える・実践から学ぶ――』2, 96-106.

横溝紳一郎（2015a）『今さら聞けない…日本語教師塾　日本語教師の役割＝「やる気」を引き出す！　DVD』凡人社

横溝紳一郎（2015b）「ことばの教師の育成について」神吉宇一編『日本語教育　学のデザイン――その地と図を描く――』凡人社、pp.180-181.

横溝紳一郎（2016a）「教案作成・実習準備段階における、教師教育者のことば――タイミング・質・量の適切さに関する一考察――」町田奈々子・六川雅彦編『南山大学外国人留学生別科創立40周年記念事業　日本語・日本語教育研究大会論集』南山大学国際教育センター、pp.13-22.

横溝紳一郎（2016b）「教師の成長と学び合い」『東アフリカ日本語教育』2, 157-176.

横溝紳一郎（2020）「「ことば」の教師に必要なコミュニケーション能力とは何か」『日本語学』夏号、pp.132-142.

横溝紳一郎編著（2010）『生徒の心に火をつける――英語教師田尻悟郎の挑戦――』（田尻悟郎監修）教育出版

横溝紳一郎・岡部悦子・髙橋美奈子・山田智久（2006）『オンラインによる日本語教師教育者研修に関する総合的研究』平成16-17年度科学研究費補助金萌芽研究成果報告書

横溝紳一郎・岡部悦子・髙橋美奈子・山田智久・吉村敦美・蒋苗亜美（2009）『オンラインによる教師教育者研修――海外日本語教育実習担当者を対象として――』平成18-20年度科学研究費補助金萌芽研究成果報告書

横溝紳一郎・河野俊之（2006）「日本語教師の実践能力の解明に関する一考察――4つのアプローチ――」『日本語教員養成における実践能力の育成と教育実習の理念に関する調査研究』平成16-17年度科学研究費補助金基盤研究（B）研究成果報告書、pp.181-188.

横溝紳一郎・坂本正（2016）『教案の作り方編（日本語教師の7つ道具シリーズ＋（プラス））』アルク

横溝紳一郎・迫田久美子・松崎寛（2004）「日本語教育実習におけるアクション・リサーチの役割」*JALT Journal*, 25(2), 205-221.

横溝紳一郎・迫田久美子・松崎寛（2005）「教育実習」水町伊佐男編『講座・日本語教育学　第4巻　言語学習の支援』（縫部義憲監修）スリーエーネットワーク、pp.25-51.

横溝紳一郎・迫田久美子・森千枝見・吉村敦美・青木香澄・大西貴世子・田場早苗・森井賀与子・家根橋伸子・レイン斉藤幸代（2006）「教師教育者を養成する日本語教育実習——メンター育成コースでの試みを通じて——」春原憲一郎・横溝紳一郎編著『日本語教師の成長と自己研修——新たな教師研修ストラテジーの可能性をめざして——』凡人社、pp.244-266.

横溝紳一郎・當作靖彦（2003）「アメリカの教育改革から日本国内の日本語教師教育への提言」當作靖彦編著『日本語教師の専門能力開発——アメリカの現状と日本への提言——』日本語教育学会、pp.167-206.

横溝紳一郎・森篤嗣・斎藤ひろみ（2013）「「実践の共有」のために——学校教育・英語教育からの示唆——」『言語教育実践 イマ×ココ——現場の実践を記す・実践を伝える・実践から学ぶ——』創刊号、pp.5-14.

横溝紳一郎・山田智久（2019）『日本語教師のためのアクティブ・ラーニング』くろしお出版

吉岡英幸・本田弘之編（2016）『日本語教材研究の視点——新しい教材研究論の確立をめざして——』くろしお出版

吉川宗男（2011）『出会いを哲学する——人生を豊かにするメビウスの原理——』南の風社

吉田新一郎（2006）『効果10倍の〈教える〉技術——授業から企業研修まで——』PHP研究所

吉田達弘・玉井健・横溝紳一郎・今井裕之・柳瀬陽介編（2009）『リフレクティブな英語教育をめざして——教師の語りが拓く授業研究——』ひつじ書房

吉田典生（2005）『なぜ、「できる人」は「できる人」を育てられないのか？』日本実業出版社

吉田典生（2006）『「できる人」で終わる人、「伸ばす人」に変わる人』日本実業出版社

M. ラッシュ（2020）『退屈な授業をぶっ飛ばせ！——学びに熱中する教室——』（長﨑政浩・吉田新一郎訳）新評論

J.C. リチャーズ・C. ロックハート（2000）『英語教育のアクション・リサーチ』（新里眞男訳）研究社出版

渡辺直登・久村恵子（1999）『メンター／メンタリング入門』プレスタイム

Allen, D. W., & Ryan, K. A. (1969) *Micro-teaching.* Palo Alto, CA: Addison-Wesley.

Allwright, D.（1999）「micro-teaching マイクロ・ティーチング」K. ジョンソン・H. ジョンソン編『外国語教育学大辞典』（岡英夫監訳）大修館書店、p.284.

Brown, J. D. (1995) *The elements of language curriculum: A systematic approach to program development.* Boston, MA: Heinle & Heinle Publishers.

Kemmis, S., & McTaggart, R. (1988) *The action research planner.* Victoria, Australia: Deakin University Press.

Merrill, D. W., & Roger, H. R. (1981) *Personal styles & effective performance.* Boca Raton, FL: CRC Press.

Simon, D., & Chabris, C. (2010) *Selective Attention Test.* Retrieved from https://

www.youtube.com/watch?v=vJG698U2Mvo

Wiggins, G., & Mctighe, J. (2005) *Understanding by design: Expanded second edition.* Hoboken, NJ: Prentice Hall.

Yokomizo, S. (2010) EAR approach: An attempt to increase opportunities for reflection. In T. Yoshida, H. Imai, Y. Nakata, & A. Tajino (Eds.), *Researching language teaching and learning: An integration of practice and theory* (pp.215-233). Oxford, UK: Peter Lang.

索 引

横溝紳一郎（よこみぞ・しんいちろう）

西南学院大学外国語学部教授
ハワイ大学大学院より修士（MA）および博士号（Ph.D.）取得。
元日本語教育学会理事。日本語教師養成に加え、国内外での日本
語教育・教師教育に関する講演／研修を行う一方で、在住地の福
岡でさまざまな教育活動に積極的に関わっている。主な著書に、
『クラスルーム運営』（くろしお出版）、『日本語教師のためのアク
ション・リサーチ』（凡人社）、『日本語教師のためのアクティブ・
ラーニング』（共著、くろしお出版）、『教案の作り方編（日本語教師
の7つ道具シリーズ＋（プラス））』（共著、アルク）、『生徒の心に火
をつける──英語教師田尻悟郎の挑戦──』（共著、教育出版）、『成長
する教師のための日本語教育ガイドブック［上・下］』（共著、ひつ
じ書房）、『日本語教師の成長と自己研修──新たな教師研修ストラテ
ジーの可能性をめざして──』（共編著、凡人社）、『リフレクティブ
な英語教育をめざして──教師の語りが拓く授業研究──』（共編、ひ
つじ書房）等がある。

日本語教師教育学

2021年6月6日　　初版第1刷発行

著　者　　横溝紳一郎

発行人　　岡野秀夫

発行所　　株式会社　くろしお出版

〒102-0084　東京都千代田区二番町4-3
TEL：03-6261-2867　FAX：03-6261-2879
URL：www.9640.jp　e-mail：kurosio@9640.jp

印刷所　　藤原印刷株式会社

イラスト　　須山奈津希（ぽるか）

本文デザイン　　竹内宏和（藤原印刷株式会社）

装丁デザイン　　仲川里美（藤原印刷株式会社）

© YOKOMIZO Shinichiro　Printed in Japan
ISBN 978-4-87424-863-8　C0081